Danksagungen

Die Zusammenarbeit mit allen Mitwirkenden an diesem Buch war ein wahres Wunderwerk. Danke an euch, Rob Pulleyn und Carol Taylor, dass ihr sogar unsere wildesten Ideen abgesegnet habt. Unser Dank gilt der engagierten Illustratorin Lindy Burnett – und natürlich auch Susan McBride, die mit einzigartiger Beobachtungsgabe und Einfühlsamkeit dieses Werk gestaltet hat. Bei der gemeinsamen Arbeit haben wir gelernt, dass Neugier und Offenheit die einzig wahren Elemente der Zauberei sind.

Ich möchte außerdem Tip, Angela und Ryan Kilby meine Zuneigung und meinen Dank dafür übermitteln, dass sie meine Ideen und meine Begeisterung für die Zauberei mit mir geteilt haben. JEK

Dank an meine Eltern, die mich nie entmutigt haben, wenn ich etwas ausprobiert habe – sogar, wenn sie nicht ganz sicher waren, was ich eigentlich tat. TBT

Ein besonderes Dankeschön geht an meine Tochter Corinna, die mich lehrt, genau hinzusehen und das Magische in einer Blume, einer Spinne und einem glatten Stein zu finden. DM

INHALT

Die Deutsche Bibliothek – CIP-Einheitsaufnahme

Zauberhut und Drachenblut : das phantastische Handbuch für kleine Hexen und Magier /
mit Bildern von Lindy Burnett. Aus dem Engl. von Annegret Hunke-Wormser. -
München : Ars-Ed., 2002

Einheitssacht.: Wizard craft <dt.>
ISBN 3-7607-5859-2

1. Auflage 2002

Titel der Originalausgabe: The Book of Wizard Craft

Aus dem Englischen von Annegret Humke Wormser

Autoren: Janice Eaton Kilby, Deborah Morgenthal, Terry Taylor
Gestaltung: Susan McBride, Hannes Charen
Illustrationen: Lindy Burnett
Technische Illustrationen: Orrin Lundgren
Redaktion der Originalausgabe: Veronika Alice Gunter, Roper Cleland, Emma Jones

Redaktion der deutschen Ausgabe: Ina Schumacher
Textlektorat der deutschen Ausgabe: Bettina Gratzki
Satz: Media and more GmbH, München

ISBN 3-7607-5859-2

www.arsedition.de

Lindy Burnett

Zauberhut und Drachenblut

Das phantastische Handbuch für kleine Hexen und Magier

arsEdition

Wie dieses Buch entstanden ist
und was du damit machen kannst

Stell dir vor, du würdest spät in der Nacht einen Telefonanruf von einem Herrn bekommen. Er bittet dich, ihm beim Schreiben eines Buchs zu helfen, in dem er sein ganzes magisches Wissen weitergeben möchte und an dem er – nebenbei bemerkt – schon seit 600 Jahren arbeitet! Genau das ist uns passiert. Ein Zauberer erzählte uns, dass er all die Jahrhunderte ein Notizbuch mit der Absicht voll geschrieben habe, es im Alter einem jungen Zauberlehrling zu übergeben. Als ihm klar wurde, dass er mit einem Buch Millionen von jungen Zauberern und kleinen Hexen erreichen könnte, rief er uns an und bat um unsere Mithilfe. Prima, dachten wir, das dürfte wohl nicht allzu schwer sein, oder? Urteile selbst:

Manchmal löste sich der Zauberer während einer Unterredung einfach in Luft auf, ohne seine Rede zu unterbrechen. Dann wieder verwandelte er sich in einen Greif oder eine Eiche. Wie du dir vorstellen kannst, war das für einige von uns sehr gewöhnungsbedürftig. Und das Entziffern seiner Notizen stellte auch eine ziemliche Herausforderung dar. Einige Abschnitte waren wegen all der Mäusefußabdrücke schwer zu lesen; andere Seiten zeigten deutliche Spuren von alchimistischen Experimenten. Ganz zu schweigen von den vielen Spinnweben, die sein Labor überzogen. Oder die Ratten und Käfer, die überall herumflitzten! Aber wir hielten durch, und je mehr wir lasen und redeten, desto größer wurde unsere Begeisterung!

Dieses Buch enthält die persönlichen Rezepte und Anweisungen unseres Zauberers. Damit bist du in der Lage, mehr als 50 nützliche Werkzeuge und Zauberaccessoires herzustellen. Dazu gehören unter anderem ein Zaubermantel und ein spitzer Hut, eine Kristallkugel, Zauberstäbe, ein fliegender Teppich, ein Hochgeschwindigkeits-Besen, ein magischer Ring, geheime Schriften sowie magische Zutaten wie Alraunwurzel und Drachenblut. Außerdem hat er uns seine Zaubersprüche und -formeln verraten.

Unser Zauberer hat einen großartigen Sinn für Humor und uns einige wunderbare Geschichten erzählt. Auf unsere Bitte hin wurden auch sie in dieses Buch aufgenommen. Neben uralten Legenden und Mythen findest du hier Berichte über die hohe Kunst des Zauberns.

Bevor der Zauberer selbst zu Wort kommt, möchten wir noch einige Warnungen aussprechen – also gib gut Acht! Zunächst ist es wichtig, dass du deinen gesunden Menschenverstand gebrauchst. Zum Verzehr sind nur die Gerichte und Getränke auf Seite 107 bis 110 geeignet. Geh äußerst vorsichtig mit scharfen Werkzeugen um. Wenn du diese Spinne neben einer Anleitung siehst, MUSST du sofort aufhören und einen Erwachsenen um Hilfe bitten. Wir meinen es wirklich ernst! Hältst du dich nicht daran, droht der Zauberer damit, dich höchstpersönlich in eine Kröte zu verwandeln ...

Wir hoffen, dass du mit diesem Buch viel Spaß haben wirst! Frage uns jedoch bitte nicht, wie du mit dem Zauberer Kontakt aufnehmen kannst. Wir mussten versprechen, niemals seinen Namen oder seinen Aufenthaltsort preiszugeben.

Janice Eaton Kilby

Deborah Morgenthal

Terry B. Taylor

Vorwort des Zauberers

Nach 600 Jahren ist für mich die Zeit gekommen, meine Zauberkunst mit anderen zu teilen. Meine Kollegen sind schon lange vor mir gegangen und auch ich bin alt. Circe, Merlin, Agrippa – ihre Namen sind der Welt ein Begriff. Ich aber wollte im Schatten bleiben, mein Wissen niederschreiben und auf diese Weise mein Können der Menschheit zugute kommen lassen. Nach getaner Arbeit kann ich mich jetzt ausruhen.

Zu viele intolerante Menschen versuchten alles zu vernichten, was phantasievoll, begabt oder einfach nur anders war. Trotzdem machte ich Notizen, um sie einmal denen zu vermachen, die es verdient haben.

Also, ihr kleinen Hexen und Magier: Seid ihr bereit, mein Erbe anzutreten? Sind eure Schultern stark genug, den Zaubermantel zu tragen, und eure Hände geschickt genug, den Zauberstab zu schwingen? Dieses Buch wird euch zeigen, wie ihr all diese Dinge herstellen und benutzen könnt. Am wichtigsten ist die Kunst, andere zum Lachen zu bringen. Auch über sich selbst sollte man lachen können, denn ein großer Zauberer hat auch einen großen Sinn für Humor. Er hat mir geholfen, sehr alt zu werden, und ich habe jede Minute meines bisherigen Lebens genossen. Meinen Namen wirst du allerdings nie erfahren. Es ist besser so. Aber das nächste Mal, wenn etwas passiert, was dir geheimnisvoll, magisch oder schön erscheint, denke an mich.

Vor langer, langer Zeit, als ich so jung war wie du es jetzt bist, begann ich die Zauberkunst zu erlernen. Um 1400 war die Welt ein dunkler Ort. Dummheit und rohe Kraft herrschten. Unsere Schulen mussten geheim gehalten werden.

Auch du wirst Wunderbares vollbringen – davon bin ich überzeugt.

Der Tag, an dem ich meinen ersten Zaubermantel anzog, war der glücklichste Tag meines Lebens.

Kapitel I

Die Ausstattung

Kleider machen Leute: Das trifft auch auf Zauberer zu. Auf den folgenden Seiten findest du Anleitungen für einige meiner bevorzugten Gewänder, Hüte, Schuhe und Schmuckstücke. Lies weiter, um herauszufinden, wie man einen Zauberstab und andere Utensilien, magisches Geld und einen Hochgeschwindigkeits-Besen herstellt. Den Besen brauchst du, um schnell von einem Ort zum anderen zu gelangen. Zur Aufbewahrung deiner neuen Zauberausrüstung zeige ich dir noch, wie man eine Truhe baut.
Auf meinen Reisen um die Welt und durch die Jahrhunderte habe ich nicht wenige solcher Kisten verschlissen. (Ich erinnere mich, dass ich meine letzte Truhe nach einem Riesentintenfisch geworfen habe. Das aufdringliche Tier versuchte, mein Schiff, mit dem ich gerade auf dem Pazifischen Ozean unterwegs war, zu versenken. In der Zeit, in der das Monster überlegte, mit welchem seiner Arme es die Truhe fangen sollte, konnte ich entkommen.)

Spitzer Zauberhut

Dieser Hut ist im Nu fertig: Wie von Zauberhand näht er sich praktisch von selbst! Du brauchst nur wenige Materialien und kannst jede Farbe wählen, die dir gefällt. (Obwohl meine Großtante Cecilia glaubte, nur Rot sei stark genug für einen perfekten Hut.)

Was du brauchst

- Maßband
- Taschenrechner
- Zeitungspapier
- Bleistift
- Lineal
- Schere
- Stoff oder Filz (42 cm breit und lang)
- Stecknadeln
- Vlieseline zum Aufbügeln (die stärkste Sorte; 42 cm breit und lang)
- Bügeleisen
- Textilkleber* oder Nadel und Faden

DU KANNST AUCH DIE FARBE DEINES STERNZEICHENS VERWENDEN. ICH BIN FISCH UND MEINE FARBE IST VIOLETT. AUF DEN SEITEN 95 BIS 97 IST DIE FARBE DEINES STERNZEICHENS VERMERKT.

Zum Verzieren:

- Stofffarbe (Gold oder Silber)
- Pinsel
- Gummistempel, falls vorhanden
- glitzernde Stoffreste
- Glimmer
- Band, 70 cm lang, mit drahtverstärkten Rändern

*WENN DU DEN HUT AUS FILZ ODER PAPIER HERSTELLST, KANNST DU DIE NÄHTE EINFACH ZUKLEBEN.

Anleitung

1. Miss mit einem Maßband den Kopfumfang oberhalb der Ohren. Nimm diese Zahl mit 2 mal und teile das Ergebnis durch 3. (Und einige von euch wundern sich immer noch, warum es so wichtig ist, Mathe zu lernen!)

2. Übertrage den Wert auf das Zeitungspapier, indem du von der linken oberen Ecke aus, der Hutspitze, strahlenförmig Strecken (Strecke A in Abbildung 1) in dieser Länge abmisst und deren Ende durch Punkte markierst. Alle Messpunkte ergeben zusammen einen Viertelkreis.

3. Schneide mit einer Schere den Viertelkreis aus.

4. Diese Schablone legst du nun auf deinen Stoff und steckst sie mit Stecknadeln fest. Füge an den geraden Kanten 1,5 cm für den Saum hinzu. Schneide den Stoff aus.

5. Lege das ausgeschnittene Stück Stoff auf die Vlieseline. Schneide sie entlang der Stoffkanten aus. Bügle die Vlieseline (Bügeleisen auf niedrigster Stufe) auf die linke Seite des Stoffes (Abbildung 2).

6. Wenn du deinen Hut verzieren möchtest, solltest du das vor dem Zusammennähen bzw. -kleben tun. Arbeite auf einem ebenen Untergrund. Verziere den Stoff mit Sternen, Halbmonden, alchimistischen oder astrologischen Symbolen. Du kannst sie freihand malen oder die Symbole auf Seite 125 abzeichnen. Falls du passende Stempel besitzt, kannst du die Motive auch aufdrucken. Oder schneide Formen aus goldenen oder silbernen Stoffresten aus und klebe sie auf den Hut. Die Stellen, die mit Glimmer bedeckt sein sollen, werden zunächst mit Klebstoff eingestrichen. Darauf streut man den Glimmer.

7. Lege die geraden, rechten Stoffseiten aufeinander und nähe sie 1,5 cm vom Rand entfernt zusammen. Drehe das Ganze anschließend auf rechts.

8. Abschließend wird der Hutrand mit dem drahtverstärkten Band dekoriert. Im Abstand von etwa 7 cm drückst du das Band zusammen und nähst es an diesen Stellen auf den Hutrand (Abbildung 3).

Huh, huhuuhh, huhuuuuhhh, wer geht da um?

Die Wahl der richtigen Eule für die Zauberarbeit

Woran denkst du, wenn du dir eine Eule vorstellst? Wahrscheinlich an ihre großen Augen. Manchen erscheinen sie freundlich und weise, andere finden sie Furcht erregend. Wusstest du, dass ein Mensch, wenn er Augen in demselben Verhältnis zur Größe seines Kopfes hätte wie eine große Ohreule, sie so groß wären wie eine Pampelmuse und jedes Auge rund 2 kg wiegen würde?
Mein Freund Merlin ging selten ohne seine Eule Archimedes aus dem Haus, die ihm hilfreich zur Seite stand.
Eulen können im Dunkeln sehen und die leisesten Geräusche hören. Außerdem sind diese Nachtjäger geschickt im Ergreifen und Tragen von Sachen. Die alten Griechen glaubten, Eulen trügen ein magisches Licht in ihren Augen, weil sie bei Nacht sehen können! Ihre Augen sind viermal lichtempfindlicher als die von Menschen. Sie besitzen ein großes Blickfeld: Doch da ihre Augen fest in den Höhlen verankert sind, müssen sie ihren ganzen Kopf drehen, um zur Seite zu blicken. Ihr Hals ist so beweglich, dass sie den Kopf um 270 Grad drehen und so über die Schulter nach hinten blicken können. Eulen hören auch ausgezeichnet. Die Ohrränder stellen Klappen dar, womit sie die Ohren vollständig verschließen können, um so die empfindlichen inneren Teile zu schützen. Um ein Geräusch zu orten, richtet die Eule diese Klappen auf. Sie werden zu einer Art Schalltrichter, der auch noch den leisesten Laut registriert. Die Federbüschel, welche die »Ohreulen« genannten Arten am Kopf tragen, haben mit Ohren nichts zu tun, sondern sind reine Zierde. Die höchsten und tiefsten Töne, die eine Eule wahrnehmen kann, entsprechen in etwa dem Hörbereich des Menschen. Ihre Schwingen sind so gebaut, dass sie geräuschlos fliegen können. Die Greiffüße haben sehr große, scharfe Krallen mit einer Wendezehe, die ähnlich wie der menschliche Daumen bewegt werden kann. Der Schnabel einer Eule sieht nicht sehr groß aus, weil die Federn ihn zum größten Teil verdecken. Doch er lässt sich so weit öffnen, dass die meisten Eulen kleine Säugetiere unzerkleinert verschlingen können. Unverdauliche Nahrungsreste wie Haare, Federn und Knochen werden wieder ausgewürgt. Diese Knäuel heißen »Gewölle«.
Der Uhu *(Bubo bubo)*, der auch Eurasischer Uhu genannt wird, ist die größte Eulenart. Er wird bis zu 70 cm groß und kann bis zu 4 kg wiegen. Der Uhu hat große, orangefarbene Augen und auf seinem Kopf zwei Federbüschel. Er setzt sich zum Schlafen in Felsvorsprünge und hohle Bäume. Uhus sind in der Lage, Tiere in der Größe eines ausgewachsenen Fuchses oder kleinen Rehs in ihren Krallen davonzutragen!
Der Elfenkauz *(Micrathene whitneyi)* ist die kleinste Eule der Welt. Er ist so winzig, dass er in den Löchern von Spechten sein Nest baut! Er wird bis zu 13 cm groß, hat einen runden Kopf, gelbe Augen und weiße Augenbrauen und einen hohen, schrillen Ruf.
Von mittlerer Größe ist die Schleiereule *(Tyto alba)*. Sie hat einen runden Kopf mit herzförmigem, weißem Gesicht und einen gesprenkelten, rostgrauen Körper. Sie lebt fast überall auf der Welt und wird bis zu 50 cm groß. Die Schleiereule lebt in ländlichen Gegenden, zum Beispiel in hohlen Bäumen, aber auch auf menschlichen Bauten wie Brücken. Ihr Ruf gleicht einem Schreien. Solltest du in deinem Schloss ein Problem mit Mäusen oder Ratten haben, kannst du es mit Schleiereulen lösen, weil eine Schleiereulenfamilie bis zu 1200 Ratten im Monat verspeisen kann.
Unsere Ansichten über Eulen spiegeln sowohl unsere Angst als auch unsere Bewunderung für sie wider. Die alten Griechen glaubten, die Eule könne die Zukunft vorhersagen, und der Steinkauz *(Athene noctua)* war das Symbol der Athene, der griechischen Göttin der Weisheit. Wenn eine Eule vor einem Gefecht über griechische Soldaten hinwegflog, war das ein Zeichen für ihren Sieg. Für kranke Römer hingegen bedeutete der Schrei einer Eule, dass der Tod nicht weit war. Eulen weissagten den Tod des römischen Feldherrn Julius Cäsar und des berühmten Magiers Agrippa.

Turban mit Federn und Juwelen

Ein schimmerndes Tuch, ein funkelnder Stein,
Nadel und Faden, mehr muss es nicht sein.
Näh dir einen Turban, das kannst du im Nu.
Nimm Federn von Eule oder Kakadu.

Was du brauchst

- Maßband
- Bleistift und Papier
- Zeitungspapier
- Lineal
- Schere
- Stoff (60 cm breit, 35 cm lang)
- Stecknadeln
- Bügeleisen
- Saumfix oder Textilkleber
- Nadel und Faden
- glitzernde Brosche
- große Federn

Als Broschenersatz:
- kleines Stück Pappe
- Alufolie
- Markierstifte

Anleitung

1. Bitte einen Freund, deinen Kopfumfang oberhalb der Ohren mit einem Maßband auszumessen. Notiere diese Zahl und füge 4 cm hinzu. Dies ist die Breite des Turbans.

2. Nun brauchst du einen Schnittbogen: Zeichne auf der Zeitung einen senkrechten Strich ein, der so viel Zentimeter vom linken Rand entfernt ist, wie du zuvor gemessen hast.

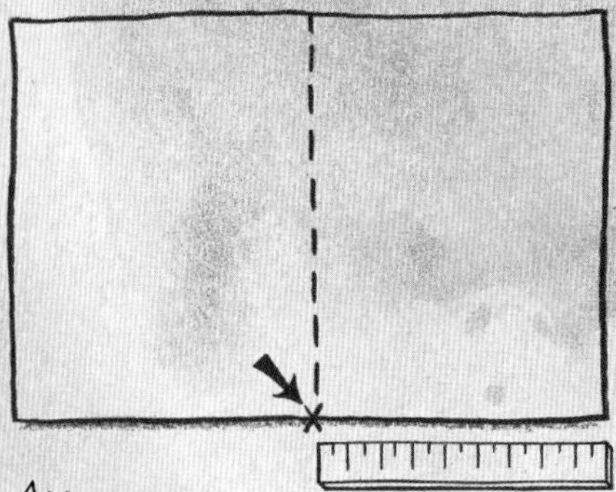

ABBILDUNG 1

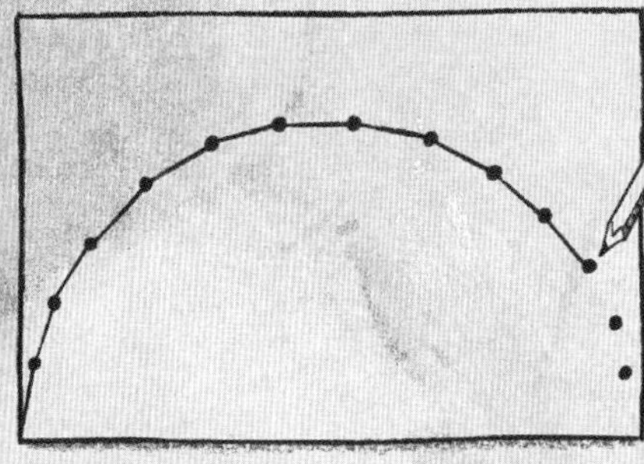

ABBILDUNG 2

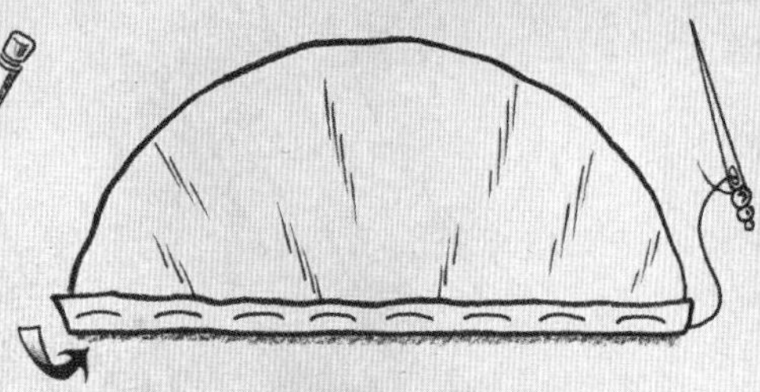

ABBILDUNG 3

3. Die so entstandene Fläche wird durch einen weiteren senkrechten Strich in der Mitte geteilt (Abbildung 1). Der Pfeil auf Abbildung 1 zeigt dir den Punkt, von dem aus du in x cm (x = Turbanbreite geteilt durch 2) Entfernung strahlenförmig Punkte aufs Papier zeichnest. Verbinde diese Punkte zu einem Halbkreis (Abbildung 2) und schneide ihn aus.

4. Breite deinen Stoff auf einem Tisch aus. Lege den Schnittbogen darauf und befestige ihn mit Stecknadeln. Schneide entlang des Schnittbogens den Stoff aus.

5. Lege den Stoff mit der rechten Seite nach unten auf den Tisch. Schlage ihn an der geraden Seite 1,5 cm um (Abbildung 3). Bügle die Kante und fixiere sie mit Saumfix, Textilkleber oder Nadel und Faden.

6. Falte den Halbkreis zur Hälfte, rechts liegt auf rechts (Abbildung 4). Mit vier Stecknadeln werden die Hälften zusammengehalten. Nun nähst du mit doppeltem Faden die Hälften an der runden Seite etwa 1 cm vom Bogenrand entfernt zusammen. Die Stiche sollten etwa 1 cm lang sein.

7. Kräusele den Bogenrand, indem du den Stoff gegen den Knoten des Nähfadens schiebst und die Nadel mit dem anderen Fadenende festhältst (Abbildung 5). Arbeite langsam und vorsichtig, damit der Faden nicht reißt. Wenn du den Bogenrand gekräuselt hast, vernähst du den Faden mit einigen Stichen und schneidest ihn ab. Wende den Turban auf rechts.

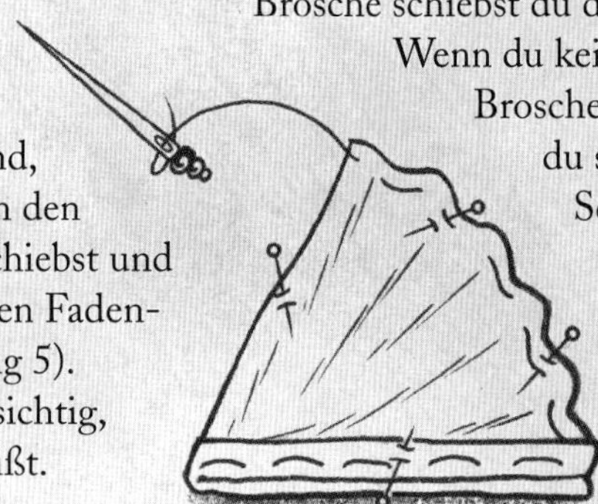

ABBILDUNG 5

8. Dort, wo die Falten der Kräuselung zusammenlaufen, auf Stirnmitte, befestigst du die Brosche. Hinter die Brosche schiebst du die Federn.

Wenn du keine glitzernde Brosche hast, bastelst du selbst eine: Schneide dafür einen Kreis aus einem Stück Pappe aus. Beziehe die Pappe mit Alufolie. Wenn du möchtest, kannst du die Folie mit Markierstiften bunt bemalen. Dann nähst du die Pappbrosche wie einen Knopf auf die Vorderseite deines Turbans.

ABBILDUNG 4

DIE RECHTE SEITE EINES STOFFES IST IMMER SEINE VORDERE, SCHÖNERE SEITE.

Das Gewand des Zauberers

Wenn du es wirklich ernst meinst mit deinem Handwerk, brauchst du unbedingt ein Zaubergewand. Die Herstellung ist einfach, selbst wenn du noch nie zuvor etwas genäht hast. Wähle die Farbe mit Bedacht. Bestimmte Farben, zum Beispiel Dunkelblau, symbolisieren einen unruhigen, flatterhaften Geist: Einige Zaubersprüche könnten an Wirkung verlieren, wenn du mit deinen Gedanken woanders bist. Hellbau hingegen steht für Geduld und Ausgeglichenheit. Violett, eine meiner Lieblingsfarben, symbolisiert Zielstrebigkeit und Kraft, wenn du aber leichtsinnig wirst, könntest du die Aufmerksamkeit lästiger Trolle auf dich ziehen.

Was du brauchst

- Maßband
- Bleistift und Papier
- Stoff (zur Größe siehe Anleitung, Schritt 1)
- Stecknadeln
- Stoffkreide
- Schere
- Nadel und Faden
- Saumfix oder Textilkleber
- Schrägband
- dicke Kordel (1,5 m lang)
- Pauspapier
- Klebeband
- Bleistift
- Stofffarbe (Farbe deiner Wahl)
- Pappe oder Zeitungspapier
- Pinsel
- Borte, Kordel oder bunte Bänder

Anleitung

Das Gewand

1. Bitte einen befreundeten Zauberer, deine Maße mit einem Maßband zu nehmen: Stell dich gerade und mit herunterhängenden Armen hin. Dein Freund misst jetzt von der Armkugel bis zum Boden; gib noch 3 cm für den Saum hinzu. Multipliziere das Ergebnis mit 2, um die benötigte Stofflänge zu ermitteln. Jetzt breitest du die Arme aus und dein Freund misst die Länge von einem Handgelenk zum anderen; füge 5 cm für die Ärmelsäume hinzu. Dieses Maß ist die benötigte Stoffbreite. Stoffe mit einer Breite von 1,20 m sind in der Regel für die meisten Zauberer unter zehn Jahren ausreichend. Ältere Zauberer benötigen breitere Stoffe oder müssen Extrastoff für die Ärmel annähen.

ABBILDUNG 1

2. Jetzt misst du, nicht zu eng, deinen Halsumfang aus. Zum Schluss misst du noch die innere Länge deines Arms vom Handgelenk bis zur Achselhöhle, minus 5 cm.

3. Falte den Stoff in der Mitte, indem du eine Breitseite auf die andere legst. Rechts liegt auf rechts.

4. Falte den Stoff noch einmal in der Mitte, indem du die Längsseiten aufeinander legst (vier Stofflagen liegen jetzt übereinander). Fixiere das Ganze mit einigen Stecknadeln (Abbildung 1).

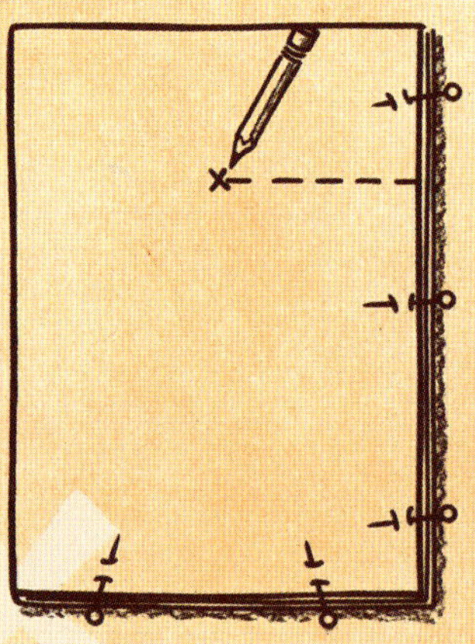

ABBILDUNG 2

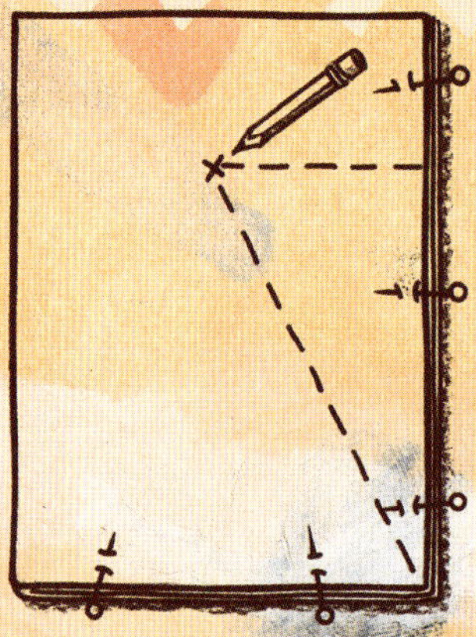

ABBILDUNG 3

5. Nun zeichnest du mit Stoffkreide die Ärmelbreite und -länge auf den Stoff (Abbildung 2). Für die Breite (gemessen vom oberen Stoffrand aus) müssten 30 bis 35 cm ausreichen. Die Ärmellänge (gemessen vom rechten Stoffrand aus) hast du bereits im 2. Arbeitsschritt ermittelt.

6. Ziehe von der unteren, rechten Stoffecke bis zum Markierungspunkt für die innere Armlänge eine Linie (Abbildung 3).

7. Für den Halsausschnitt dividierst du den Halsumfang durch 6. Übertrage diese Maßangabe von der linken, oberen Ecke ausgehend auf die obere und die linke Stoffkante. Verbinde die Punkte durch eine bogenförmige Linie (Abbildung 4).

8. Schneide zunächst den Halsausschnitt entlang dieser bogenförmigen Linie. Der Schnitt geht durch alle vier Stofflagen. Dann schneidest du das Gewand entlang der Linie für den Ärmel und für die Seite aus (Abbildung 5).

9. Falte den Stoff einmal auseinander: Er sieht jetzt aus wie ein T.

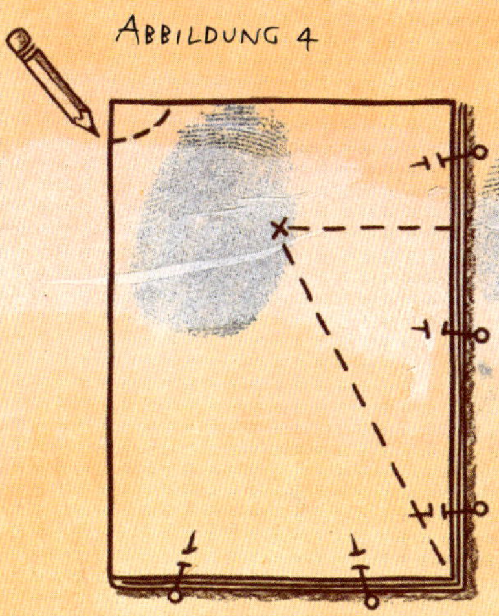

ABBILDUNG 4

10. Nähe die Seiten und die Ärmel 1,5 cm vom Rand entfernt zusammen und drehe das Gewand anschließend auf rechts.

11. Du kannst Saumfix oder Textilkleber benutzen, wenn du die Ärmelsäume und den unteren Gewandsaum nicht nähen möchtest.

12. Schneide einen 10 cm langen Schlitz in die Mitte des vorderen Halsausschnitts (Abbildung 6).

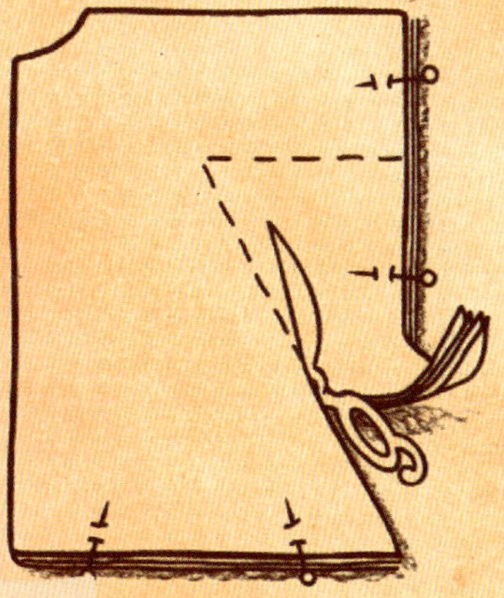

ABBILDUNG 5

13. Versäubere die Ausschnittkanten, indem du Schrägband aufnähst.

14. Die dicke Kordel dient als Gürtel.

ABBILDUNG 6

Der letzte Schliff

1. Zuerst musst du die alchimistischen Symbole auf den Stoff übertragen (die Vorlagen findest du auf Seite 125). Es gibt mehrere Möglichkeiten:

• Abzeichnen: Übertrage die Symbole auf Pauspapier und befestige das Papier mit Klebestreifen auf der Fensterscheibe (es muss draußen noch hell sein!). Dann legst du den Stoff über das Papier und zeichnest mit Stoffkreide oder einem Bleistift das Motiv nach. Dies funktioniert aber nur bei dünnem, durchscheinendem Stoff.

• Pauspapier für Schneider: Dieses Papier gibt es in verschiedenen Farben, sodass du eine Farbe wählen kannst, die auf deinem Stoff gut zu sehen ist. Fotokopiere das Symbol oder zeichne bzw. pause es ab. Breite den Stoff auf einer glatten Unterlage aus. Lege das Pauspapier mit der farbigen Seite nach unten auf den Stoff, darüber das Papier mit dem kopierten Symbol. Befestige beides mit Stecknadeln auf dem Stoff und zeichne vorsichtig mit einem Bleistift das Muster nach.

2. Jetzt kannst du die Symbole mit Stofffarbe nachzeichnen. Um die untere Stoffschicht zu schützen, schiebst du eine Pappe oder Zeitungspapier zwischen die Stofflagen. Bemale die Ausschnittkanten, die Ärmel und den unteren Saum mit farbigen Linien oder Spiralen.

3. Nähe Borten, Kordeln oder bunte Bänder an die Säume der Ärmel, des Halsausschnitts und an den unteren Saum.

Stundenglas zum Umhängen

Mit diesem praktischen Anhänger kann man die Siedezeit von Zaubertränken überwachen.

Was du brauchst

- Kordel (1,60 m lang)
- Schere
- 3-Minuten-Sanduhr*

*Eine Sanduhr bekommst du für wenig Geld in Haushaltswarengeschäften.

Anleitung

1. Schneide die Kordel in der Mitte durch.

2. Breite die eine Hälfte der Kordel auf einer Arbeitsfläche aus.

3. Lege die Sanduhr auf die Mitte dieses Kordelstückes, sodass ihr schmaler Mittelteil auf der Kordel liegt.

4. Lege das andere Kordelstück darüber.

5. Verknote die beiden Kordeln so miteinander, dass die Sanduhr an ihrer schmalen Stelle zwischen zwei Knoten eingekeilt ist und nicht durchrutschen kann.

6. Zuletzt werden die Kordelenden verknotet. Ist die Kette zu lang, setze den Knoten etwas tiefer.

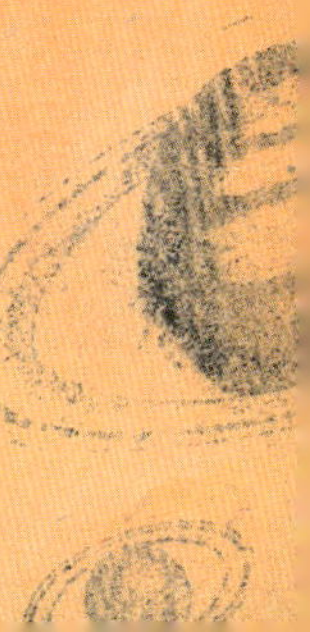

Zauberstab mit Drachenherzfasern

Die Spiralen dieses Stabs erzeugen beim Zaubern einen Ton, den nur Wesen aus dem Zauberreich hören können.

Was du brauchst

- dünnen Messing- oder Kupferdraht
- Lineal
- Seitenschneider
- Bleistift
- Styroporkugel (5 cm Durchmesser)
- Messer
- Holzstab (etwa 50 cm lang, 1 cm Durchmesser)
- Gold- oder Silberglimmer
- Pappteller
- Holzleim
- alten Pinsel
- Acrylfarbe (Gold oder Silber)
- Pinsel
- Heißklebepistole

Anleitung

1. Schneide vom Draht acht 50 cm lange Drahtstücke ab.

2. Ein Draht wird zur Spirale, indem du ihn eng um einen Bleistift wickelst. Etwa 5 cm bleiben ungewickelt (Abbildung 1 auf Seite 20). Dann den Bleistift herausziehen und den Vorgang mit den anderen Drähten wiederholen.

3. Ritze mit dem Messer ein kleines Loch in die Styroporkugel und drücke sie vorsichtig 2 bis 3 cm weit auf den Holzstab.

4. Schütte den Glimmer auf einen Teller. Streiche mit dem Pinsel Holzleim auf die Kugel. Überziehe sie gleichmäßig mit einer Glimmerschicht, indem du sie auf dem Teller hin- und herrollst (Abbildung 2). Warte, bis der Leim trocken ist.

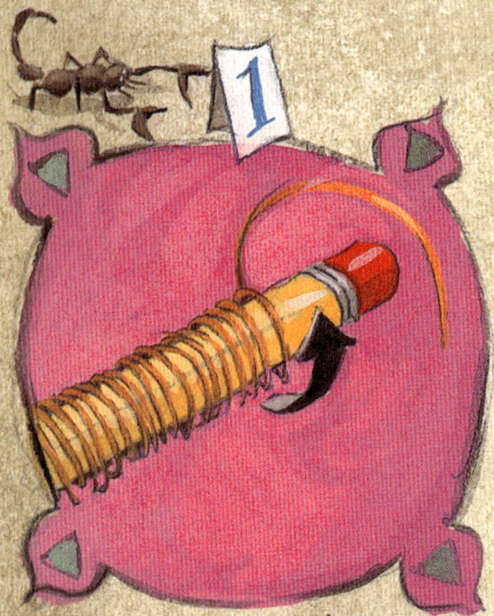

5. Mit einem anderen Pinsel trägst du die Bastelfarbe auf den Stab auf. Lass die Farbe trocknen.

6. Befestige die Kugel mit Heißkleber auf dem Stab.

7. Gib einen Tropfen Heißkleber auf das gerade Ende eines Drahtstückes und drücke es in den Styroporball (Abbildung 3). Wiederhole diesen Arbeitsgang mit den restlichen Drahtspiralen.

Hexenstab

Durch bunte Bänder,
wie am Maienbaum,
bleibt guter Zauber
kein leerer Traum.

Was du brauchst

- **Bänder in verschiedenen Farben**
- **Maßband**
- **Schere**
- **Holzstab (ungefähr 50 cm lang, 1 cm Durchmesser)**
- **Acrylfarbe (Gold oder Silber)**
- **Pinsel**
- **Heißklebepistole**
- **kleiner Hammer**
- **Polsternagel oder Reißzwecke**

Anleitung

1. Schneide vier 50 cm lange Bänder und ein 60 cm langes Band zurecht.

2. Bemale den Stab mit Acrylfarbe und lass die Farbe trocknen.

3. Befestige mit der Heißklebepistole ein Ende des 60 cm langen Bandes an einem Ende des Stabes. Wickle das Band um den Stab und klebe es in Abständen von 5 cm fest, bis du am anderen Ende angekommen bist. Schneide das überschüssige Bandende ab.

4. Lege jeweils die Mitte der vier Bänder speichenförmig über ein Ende des Stabes. Klebe jedes Band mit einem Tropfen Heißkleber auf die Stabspitze. Dann schlägst du mit einem Hammer den Polsternagel in die Spitze, um die Bänder sicher zu befestigen.

Große Zauberer,

die mir begegnet sind

Ohne die vielen Menschen, die ich in den vergangenen Jahrhunderten traf, wäre mein Leben nur halb so spannend gewesen. Dies gilt vor allem für meine Freunde aus den Reihen der Zauberer. Hierzu gehören so bekannte Magier wie Agrippa und sein mysteriöser schwarzer Hund oder Merlin mit all den Mäusen und Vögeln, die in seinen Haaren und seinem Bart lebten.

In alter Zeit hatte fast jedes Dorf in Europa seinen eigenen Zauberer, der die Zukunft vorhersagte, Schätze aufspürte und verloren gegangene Sachen wiederfand, Träume deutete, einen Liebestrank mischte und lästige Kobolde vertrieb. In unserer Zeit wirken die Zauberer mehr im Verborgenen, aber man kann sie immer noch finden.

Circe war eine mächtige griechische Zauberin. Der altgriechische Dichter Homer erzählt von Circes Charme und wie sie den reisenden Helden Odysseus und seine Mannschaft auf ihre Insel lockte. Anschließend verwandelte sie die Männer in Schweine! Odysseus brachte sie dazu, ihnen wieder ihre männliche Gestalt zurückzugeben, aber er war so von ihr eingenommen, dass er ein Jahr dort herumtrödelte.

Egal, ob du ihn unter dem Namen Merlinus, Myrddin oder Merlin kennst, du weißt sicher, wen ich meine: den berühmtesten Zauberer aller Zeiten. In einigen Geschichten wird berichtet, Merlin sei ein Druide gewesen, der in Wales als Sohn einer Prinzessin und eines männlichen übernatürlichen Wesens geboren wurde. Er konnte weissagen, Menschen und Dinge verzaubern und andere wunderbare Taten vollbringen. Merlin war ein Prophet und stand einigen Herrschern in Britannien als Ratgeber zur Seite, darunter auch König Arthur. Merlin soll seine magischen Kräfte eingesetzt haben, um Arthurs Eltern, Uther und Igraine, zusammenzubringen, damit Arthur geboren werden konnte. Merlin unterrichtete den Sprössling und richtete es so ein, dass Arthur das berühmte Schwert aus einem Stein ziehen konnte, von dem es in der Legende hieß, es müsse so lange dort verankert bleiben, bis es von einem Mann herausgezogen würde, der die rechten Tugenden für einen König aufweise.

Wusstest du, dass das Wort Magier aus dem Persischen kommt? Es bezeichnet einen in den Wissenschaften ausgebildeten Priester.

Einige behaupten, Merlin sei mit Arthur auf die Feeninsel Avalon gefahren, nachdem dieser in seinem letzten Gefecht verwundet wurde. Andere glauben, Merlins Niedergang habe mit seiner Liebe zu Nimue begonnen, die ihn überredet habe, ihr all seine Zauberkünste beizubringen. Danach habe sie ihn in einem Weißdornbaum eingesperrt. Aber glaubst du wirklich, ein so mächtiger Zauberer wie Merlin würde für immer in einer Falle sitzen! Wieder andere sagen, Merlin warte in einer Höhle aus Kristall und bewache den Wahren Thron des Königreichs, auf dem Arthur einst wieder sitzen werde.

Die Fee Morgane war entweder Arthurs Schwester oder Halbschwester. Sie besaß viele magische Kräfte, aber sie hatte vor allem den Ruf, gut aussehende Ritter in ihre Gemächer zu locken. Sogar Merlin erlag für einige Zeit ihrem Zauber. Sie kannte sich mit Kräutern aus und als Arthur in seinem letzten Kampf verwundet wurde, half sie ihm, sicher nach Avalon zu gelangen, und rettete ihm mit ihrer Heilkunst das Leben.

Agrippa war der berühmteste Zauberer der Renaissance und diente am Hofe von fünf Königen. Sein voller Name lautete Heinrich Cornelius Agrippa von Nettesheim. Er war Arzt und verfasste ein sehr bekanntes Werk über die Magie. Agrippa soll immer mit einem mysteriösen schwarzen Hund gereist sein, der ein Halsband mit magischen Symbolen trug. Als der Magier auf dem Sterbebett lag, nahm er dem Hund das Halsband ab und befahl ihm fortzugehen. Der Hund lief weg, tauchte in einen Fluss und wurde nie wieder gesehen.

Magisches Amulett

Dieses Amulett soll magischer Energie die Richtung weisen. Bevor du es umhängst, halte es zwischen den Händen, schließe deine Augen und sage folgenden Zauberspruch auf:

Um meinen Hals liegt ein magischer Kreis,
lenkt all den Zauber, von dem ich weiß,
Mond und Sonne geben Kraft in Fülle,
sodass mein Wille sich erfülle.

Was du brauchst

- weiße oder leicht getönte Modelliermasse (58 g)
- Messer
- Plastikbeutel
- Nudelholz oder Glas mit geraden Wänden
- weichen Bleistift
- Löffel
- Stricknadel
- mit Alufolie belegtes Kuchenblech
- Backofen
- Topflappen
- Buntstifte
- Kordel oder Lederband (60-80 cm lang)
- Schere

Anleitung

1. Halbiere mit dem Messer die Modelliermasse. Bewahre die eine Hälfte in einem Plastikbeutel auf.

2. Knete die andere Hälfte kräftig, bis die Masse weich und warm ist.

3. Forme aus der Modelliermasse einen Ball. Lege ihn auf eine glatte, saubere Arbeitsfläche und drücke ihn mit dem Handteller flach. Mit dem Nudelholz oder ersatzweise mit dem Glas rollst du die Masse etwa 3 mm dick aus.

4. Fotokopiere die Skarabäus-Zeichnung auf Seite 23. Halte die Kopie bei Tageslicht ans Fenster und zeichne auf der Rückseite alle Linien mit einem sehr weichen Bleistift kräftig nach.

5. Schneide mit dem Messer aus der ausgerollten Modelliermasse ein Oval, das etwas größer als der Skarabäus ist. Achte darauf, dass die Ränder und die Oberfläche schön glatt sind.

6. Lege den fotokopierten Skarabäus mit der Bleistiftseite nach unten auf die Modelliermasse. Fahre behutsam mit dem Löffel über die Rückseite des Papiers, um die Bleistiftlinien zu übertragen. Reibe nicht zu fest, sonst veränderst du die Form. Lass alles 10 Minuten ruhen.

7. Mit der Spitze der Stricknadel bohrst du ein oder zwei Löcher in die Modelliermasse, durch die du später das Band ziehen kannst.

8. Lege die Modelliermasse vorsichtig auf das Kuchenblech.

9. Schiebe das Blech in den vorgeheizten Backofen (Temperatur: siehe Angaben auf der Verpackung der Modelliermasse). Achte darauf, dass das Papier noch auf der Modelliermasse liegt!

10. Halte dich bei der Backdauer an die Angabe des Herstellers. Benutze Topflappen, um das Blech wieder aus dem Ofen zu holen. Entferne vorsichtig und während die Masse noch warm ist das Papier, um dein übertragenes Bild zu enthüllen. Lass das Amulett ruhen, bis es vollständig ausgekühlt ist.

11. Wenn du das Amulett mit Buntstiften anmalen möchtest, kannst du das jetzt tun. Trage mehrere Farbschichten auf, damit die Farbe dunkler wird. Zeichne mit dem Bleistift die Linien des fotokopierten Käfers nach.

12. Zur Fertigstellung des Amuletts schneide von der Kordel ein entsprechend langes Stück ab, sodass das Amulett in der gewünschten Länge um deinen Hals hängen kann.

13. Lege die Kordel doppelt und fädle sie durch das Anhängerloch. Dann schiebst du die freien Enden durch die entstandene Schlaufe und ziehst sie fest an. Verknote die beiden freien Enden. Bei zwei Löchern fädelst du die Kordel durch beide Öffnungen und verknotest sie an den Enden.

EIN AMULETT SOLL EINE POSITIVE, HEILENDE ENERGIE HABEN, DIE WIRKSAM WIRD, WENN MAN ES UM DEN HALS TRÄGT.

DER SKARABÄUS WURDE VON DEN ALTEN ÄGYPTERN ALS GLÜCKSBRINGER UND ALS EIN SYMBOL FÜR DIE WIEDERGEBURT VEREHRT.

Du-siehst-mich-du-siehst-mich-nicht-Umhang

Die magische Kraft dieses Umhangs wird noch verstärkt, wenn du einen leichten, schimmernden Stoff nimmst, der sich wie Seide anfühlt. Auf leisen Sohlen – wie ein zarter Windhauch – tauchst du damit auf und verschwindest wieder.

Was du brauchst

- Maßband
- Stoff (siehe Schritt 1)
- Stecknadeln
- Schneiderkreide
- Lineal
- Schere
- Nadel und Faden
- Band (90 cm lang)

Zum Verzieren:

- Stoffreste für dekorative Applikationen
- Stoffkleber
- Stofffarben (Farbe deiner Wahl)
- Gummistempel

Anleitung

Das Gewand

1. Bitte einen Freund, mit einem Maßband den Abstand von deinen Schultern zu deinen Knöcheln zu messen. Nimm den Wert mit 2 mal. Für den Umhang brauchst du ein quadratisches Stück Stoff mit genau dieser Seitenlänge. Zum Beispiel musst du, wenn dein Umhang 90 cm lang werden soll, 1,80 m Stoff kaufen, der mindestens 1,80 m breit liegt. Falls du keinen Stoff in dieser Breite bekommst, musst du zwei Stoffbahnen zusammennähen. Kaufe 50 cm zusätzlichen Stoff für die Kapuze.

2. Falte das Stoffquadrat zweimal, sodass du wieder ein Quadrat erhältst. Halte die vier Stofflagen mit Stecknadeln zusammen.

ABBILDUNG 1

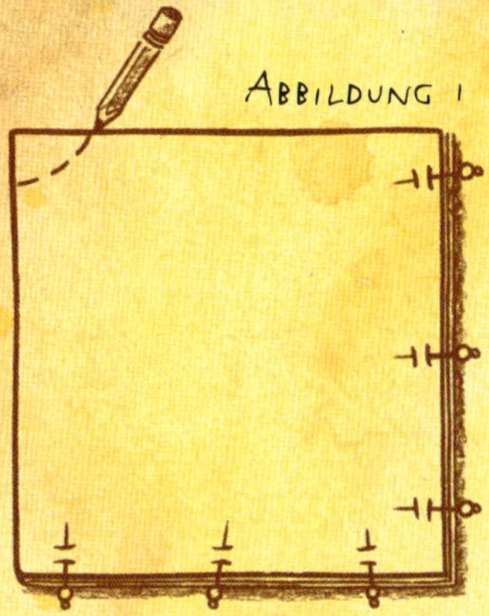

ABBILDUNG 2

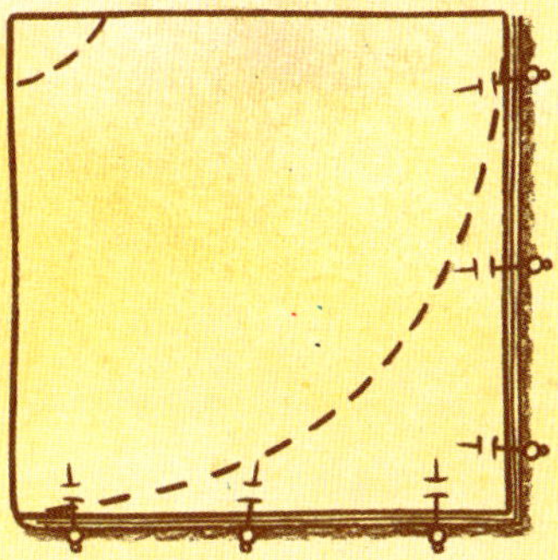

ABBILDUNG 3

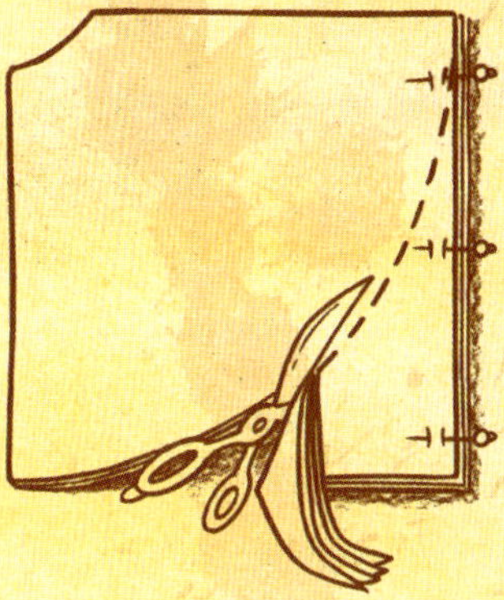

3. Miss deinen Halsumfang (nicht zu eng). Teile diese Zahl durch 6. Übertrage den Wert von der linken, oberen Ecke ausgehend auf den oberen und den linken Stoffrand. Verbinde die Punkte mit Schneiderkreide in einer bogenförmigen Linie (Abbildung 1).

4. Zeichne von der oberen linken Ecke aus strahlenförmig Punkte auf den Stoff, und zwar in einem Abstand, der genau der Länge deines Umhangs entspricht. Wenn du die Punkte verbindest, erhältst du einen Viertelkreis (Abbildung 2).

5. Schneide den Kreis an den markierten Linien durch alle Stofflagen aus (Abbildung 3). Für die vordere Öffnung des Umhangs wird der Kreis an einer Stelle durchgeschnitten.

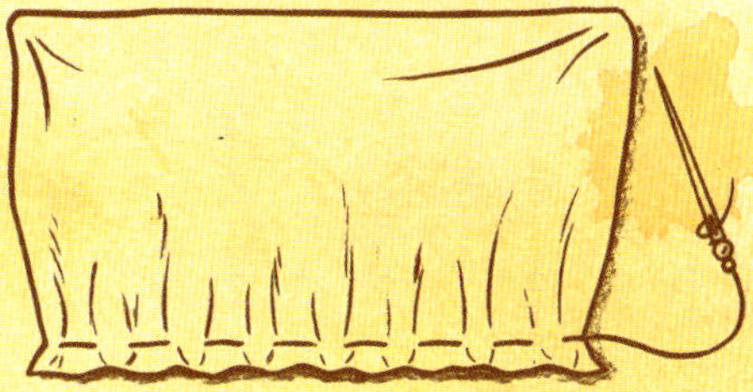

ABBILDUNG 4

ABBILDUNG 5

Die Kapuze

1. Nimm von den Schultern bis zum obersten Punkt deines Kopfes Maß. Das ist die Höhe der Kapuze. Schneide ein Rechteck aus dem Stoff, das so lang wie der eben ermittelte Wert (plus 15 cm) und so breit wie dein Halsumfang (plus 15 cm) ist.

2. Nähe an der langen Seite des Rechtecks eine gerade Reihe Kräuselstiche von 1 cm Länge, etwa 1,5 cm vom Rand entfernt. Raffe den Stoff, indem du ihn gegen den Knoten des Nähfadens schiebst und dabei das andere Fadenende festhältst (Abbildung 4). Ziehe den Stoff so weit zusammen, bis die untere Kante mit der Länge des Halsausschnitts übereinstimmt.

3. Stecke die gekräuselte Stoffkante rechts auf rechts mit Stecknadeln auf die Kante des Halsausschnitts. Nähe die beiden Stofflagen mit 1,5 cm Abstand zum Rand aufeinander.

4. Falte das Kapuzenrechteck (rechts auf rechts) in der Mitte und stecke die oberen Kapuzenkanten mit Stecknadeln zusammen. Nähe beide Hälften, 1,5 cm vom Rand entfernt, zusammen (Abbildung 5).

5. Wenn du möchtest, kannst du die untere und die vorderen Kanten des Umhangs und die Kapuze säumen. Schneide das Band in zwei gleich lange Hälften und nähe an jede Seite des Halsausschnitts ein Band.

6. Verziere den Tarnumhang nach deinen Vorstellungen.

Zu Besuch bei den Kelten:

Taliesin und seine wunderbaren Verwandlungen

Früher gab es bei den Kelten keine starren Grenzen zwischen Göttern, Menschen und Tieren. Die Kelten glaubten, dass ihre Götter in den Körper eines Menschen oder Tieres schlüpfen können, dass Menschen mit übernatürlichen Kräften sich in Tiere verwandeln können und dass es verzauberte Tiere gibt, die einmal Menschen gewesen waren. Keltische Mythen erzählen immer wieder von solchen Verwandlungen.

Ein schönes Beispiel ist die Geschichte von Ceridwen und ihrem Sohn Taliesin. Ceridwen war die keltische Göttin der Weisheit, der Magie und der Weissagung. Einer Legende nach gebar sie nicht nur den Zauberer Merlin, sondern auch den keltischen Barden Taliesin:

Vor langer Zeit hatte Ceridwen einen Sohn, der Morfran der Dunkle hieß. Einige sagen, er sei hässlich gewesen und habe keinerlei Talente besessen. Weil sie ihrem Sohn helfen wollte, setzte sie auf die Kraft ihres magischen Kessels. Sie tat Kräuter, Wurzeln und geheiligtes Wasser hinein und ließ den Trank ein Jahr und einen Tag lang köcheln, um mit diesem Gebräu all ihr Wissen an ihren Sohn weiterzugeben.

Sie beauftragte den jungen Gwion, den Krafttrunk umzurühren. Am Ende sollte Morfran drei Tropfen des fertigen Gebräus kosten und somit Ceridwens Zauberkräfte erlangen. Aber Gwion vereitelte ihren Plan. In der Nacht vor dem festgelegten Tag tauchte er seinen Daumen in den heißen Kessel und anschließend in den Mund, um ihn abzukühlen. Dabei trank er drei Tropfen von der magischen Mixtur. Der Kessel bebte und zerbrach und Ceridwen wachte auf.

Sie erfuhr, was passiert war, und jagte dem Dieb hinterher. Gwion benutzte seine neuen Kräfte, verwandelte sich in einen Hasen und rannte weg. Ceridwen nahm die Gestalt eines Windhundes an und hatte ihn fast eingeholt, aber Gwion wurde zum Fisch und tauchte in einen Fluss. Ceridwen verwandelte sich in einen Otter, aber wieder, kurz bevor sie den Fisch einfangen konnte, verwandelte sich Gwion in einen Vogel und flog in den Himmel. Die Göttin nahm die Gestalt eines riesigen Falken an, bereit, sich auf den kleineren Vogel zu stürzen. Aber Gwion entdeckte ein Weizenfeld unter sich, verwandelte sich in ein winziges Korn und versteckte sich. Ceridwen entdeckte ihn, verwandelte sich in eine Henne und pickte das Korn auf.

Sie wurde davon schwanger und gebar neun Monate später einen Jungen. Er war so schön, dass sie es nicht übers Herz brachte, ihn zu töten. Stattdessen band sie ihn in einen Lederbeutel und warf ihn in den Fluss. Der Legende nach wurde der Sack am Abend vor Allerheiligen (das keltische Fest Samhain) aus dem Fluss gezogen und aus dem wiedergeborenen Gwion wurde der größte Dichter und Erzähler der Kelten: Taliesin.

Fingerlose Handschuhe

Streif die magischen Handschuhe über
und sag einen Zauberspruch darüber.
Schwing deinen Stab, die Zeit wird es zeigen,
dein Tun wird nicht ohne Wirkung bleiben.

ANGESICHTS DER STARKEN ZAUBERKRAFT DIESER HANDSCHUHE SOLLTEST DU SIE MIT BEDACHT EINSETZEN.

Was du brauchst

- ein Paar alte Fingerhandschuhe
- Schere
- Nadel und Faden

Anleitung

1. Schneide die oberen zwei Drittel der Finger an beiden Handschuhen ab.

2. Damit die Schnittstellen nicht ausfransen, schlägst du sie einen knappen Zentimeter nach innen um und nähst sie fest.

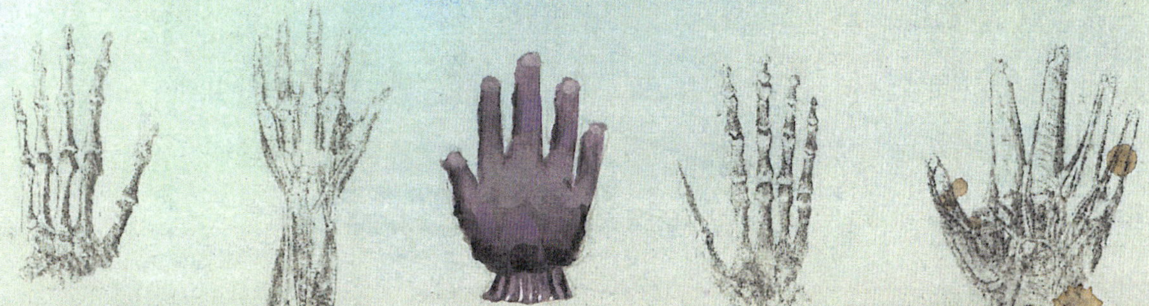

Noch mehr Zauberstäbe

Ich besitze eine ansehnliche Sammlung von Zauberstäben – insgesamt 252, um genau zu sein. Meine Frau hat sich nie wegen des Durcheinanders beklagt, aber an den Stab mit dem Anubiskopf konnte sie sich nie so recht gewöhnen, weil er die Angewohnheit hatte, bei Vollmond zu heulen. (Anubis, der altägyptische Totengott, hat den Kopf eines Schakals.) Aus Steckmasse kannst du dir genau so einen Stab basteln, obwohl nicht gesagt ist, dass er auch ein Heuler sein wird. Oder du verzierst den Stock mit Tierköpfen, die dir mehr bedeuten.

Was du brauchst

(FÜR DEN STAB)

- Besenstiel aus Holz
- Bleistift
- Maßband
- Handsäge
- dünnes Seil (ca. 2,50 m lang)
- Heißklebepistole
- Acrylfarbe (Farbe deiner Wahl)
- Pinsel
- Messer oder Schere

Anleitung

1. Die Länge des Zauberstabes sollte zu der Größe des Zauberers, für den er gefertigt wird, passen. Es hat sich bewährt, den Stab 15 cm kleiner als den Zauberer bzw. die Zauberin zu machen. Markiere die Länge auf dem Holzstab.

2. Mit einer Handsäge sägst du das überschüssige Stück Holz ab.

3. Befestige das eine Ende des Seils mit Heißkleber am unteren Ende des Stabes.

4. Wickle das Seil schräg verlaufend um den Stab und klebe es in Abständen von 5 cm fest (Abbildung 1 auf Seite 30). Wenn du etwa 5 cm unterhalb des oberen Endes angekommen bist, höre mit dem Wickeln und Kleben auf. Achte darauf, dass noch etwa 25 cm Seil übrig sind.

5. Male den Stab mit dem Seil zusammen an und lass ihn trocknen. Die 5 cm am oberen Ende des Stabes werden nicht angemalt.

6. Befestige den Kopf (wie man den bastelt, wird auf den nächsten Seiten erklärt) mit Heißkleber am oberen Ende des Stabes. Wickle das letzte Stück Seil um den unteren Rand des Kopfes, schneide das überschüssige Seilende ab und male diesen Teil des Stabes ebenfalls an.

Was du brauchst

(FÜR DEN ANUBIS-KOPF)

- Schere
- schwarzen Markierstift
- Steckziegel für Trockenblumen* (11 x 23 x 8 cm oder eine ähnliche Größe)
- Messer
- Styropor-Ei (5 cm Durchmesser)
- Zahnstocher
- Heißklebepistole
- Zeitungspapier oder Papiertuch
- Plastikplane
- Holzleim
- kleine Schale
- Plastikfolie
- Acrylfarbe (Gold)
- Pinsel
- Bleistift
- Acrylfarbe (Schwarz)

*IN BLUMEN- ODER BASTELGESCHÄFTEN ERHÄLTLICH

Anleitung

1. Vergrößere den Anubiskopf von Seite 31 auf dem Fotokopierer (aber nicht größer als der Steckziegel) und schneide ihn aus. Lege die Schablone auf den Steckziegel und zeichne die Umrisse mit dem Markierstift nach.

2. Schneide nun den Kopf entlang der eingezeichneten Kontur mit einem Messer und sägenden Bewegungen ab (Abbildung 2 auf Seite 30). Runde die scharfen Kanten des Kopfes ab und spitze das Ende der Schnauze zu.

3. An der Stelle, wo der Kopf auf den Stab gesteckt wird, musst du den Steckziegel etwas aushöhlen.

5. Reiße die Zeitung oder das Papiertuch in 1 bis 2 cm breite Streifen. Wenn du gleichmäßige Streifen möchtest, drücke ein Lineal auf das Papier und reiße die Streifen am Lineal entlang ab. Du benötigst einige gute Hand voll Streifen.

6. Schütze die Arbeitsfläche mit einer alten Plastikplane oder Zeitungspapier.

4. Schneide das Ei aus Styropor mit dem Messer quer durch (Abbildung 3). Dann schneide eine Eihälfte der Länge nach durch. Die dünnen Scheiben dienen als Ohren. Um eine schöne Rundung hinzukriegen, wirst du sie mit dem Messer noch etwas bearbeiten müssen. Schiebe je einen Zahnstocher in die Standfläche der Ohren und stecke sie auf den Kopf. Etwas Heißkleber auf den Zahnstochern und auf der Verbindungsfläche gibt dem Ganzen mehr Halt.

9. Bringe die Streifen auf der Kopfform an, sodass diese komplett bedeckt ist (Abbildung 4). Nur die Stelle, wo der Kopf auf den Stab gesteckt wird, bleibt frei. Achte darauf, dass die Oberfläche möglichst glatt ist, dann lass den Kopf trocknen. Bedecke die Schale mit Plastikfolie, damit der Klebstoff nicht austrocknet.

7. Mische in einer kleinen Schale drei Teile Holzleim mit einem Teil Wasser und rühre so lange um, bis sich alles gleichmäßig vermischt hat.

8. Tauche jeweils einen Papierstreifen in die Schale. Lass den Streifen durch deinen Daumen und Zeigefinger gleiten, um überschüssige Flüssigkeit abzustreifen.

10. Wiederhole den Vorgang dreimal. Lass jede Schicht über Nacht trocknen, bevor du die nächste anbringst. Der Kopf wird mit jeder zusätzlichen Schicht glatter und fester.

11. Wenn die letzte Schicht getrocknet ist, wird der Kopf mit Acrylfarbe angemalt. Wieder trocknen lassen.

12. Zeichne mit einem Bleistift das Auge des Horus, des altägyptischen Himmelsgottes, auf den Kopf. Mit einer dunklen Farbe malst du das Auge nach (Abbildung 5).

Juwelenkugel

(Abbildung auf Seite 29)

Was du brauchst

(für die Juwelenkugel)

- **Styroporball (15 cm Durchmesser)**
- **Messer**
- **Zeitungspapier**
- **Pappteller**
- **Glimmer**
- **Holzleim**
- **alten Pinsel**
- **Heißklebepistole**
- **»Juwelen« aus Plastik in verschiedenen Farben und Formen**

Anleitung

1. Drücke den Ball vorsichtig auf den Stab, sodass in dem Ball eine Einkerbung zu erkennen ist; dann nimm den Ball wieder herunter. Grabe mit dem Messer eine 2,5 cm tiefe Öffnung in den Ball, die etwas kleiner ist als die Einkerbung.

2. Decke den Tisch mit Zeitungspapier ab und schütte den Glimmer auf einen Pappteller.

3. Bestreiche den Styroporball mit einer dünnen Schicht Holzleim. Rolle ihn in dem Glimmer hin und her und lass ihn einige Minuten trocknen.

4. Befestige die »Juwelen« mit dem Heißkleber auf der Kugel.

Vergrößere diesen Anubiskopf um etwa 135 Prozent.

Beutel mit Zaubermünzen

Zauberer gehen niemals ohne ihren Beutel, der locker am Gürtel hängt, aus dem Haus. In diesem Lederbeutel kann man Zaubermünzen, magische Kräuter oder einen Wunschring aufbewahren. Habe immer ausreichend magische Münzen dabei – der Preis für Dracheneier ist zurzeit unverschämt hoch!

Was du brauchst

(FÜR DEN BEUTEL)

- Stück Fensterleder (mindestens 30 cm im Quadrat; du kannst auch jede andere Art von Stoff, Filz oder Lederreste nehmen)
- runde Schablone (ca. 30 cm Durchmesser; zum Beispiel Essteller oder Eimer)
- Bleistift
- Schere
- Locher oder dicken, spitzen Nagel
- Kordel oder Lederriemen (90 cm lang)

DEIN BEUTEL SOLLTE FÜR EIN KÖNIGLICHES VERMÖGEN IN ZAUBERMÜNZEN GROSS GENUG SEIN.

Anleitung

(FÜR DEN BEUTEL)

1. Lege das Fensterleder flach auf einen Tisch. Zeichne mit einem Bleistift den Umriss des Tellers (oder eines anderen runden Gegenstandes) nach.

2. Schneide den Kreis mit der Schere aus.

3. Stanze mit einem Locher in gleichmäßigen Abständen Löcher in den äußeren Rand des Kreises. Loche nicht zu nah am Rand, sonst besteht die Gefahr, dass die Löcher schnell einreißen.

4. Fädle die Kordel der Reihe nach durch alle Löcher, ziehe zuletzt die beiden Enden auf die gleiche Länge und mache in jeden einen einfachen Knoten. Schließe den Beutel, indem du ihn mit der Kordel zusammenziehst.

Was du brauchst

(FÜR DIE MÜNZEN)

- **Modelliermasse in Gold, Bronze und Silber (je 58 g)**
- **Messer**
- **Plastikbeutel**
- **Nudelholz oder Glas mit geraden Wänden**
- **Werkzeuge zum Formen: Flaschenverschlüsse, Deckel von Gläsern oder Plätzchenausstecher**
- **Werkzeuge zum Verzieren: Gabel, Silberlöffel mit hübschen Mustern, Kreuzschlitzschrauben, Münzen, Zahnstocher**
- **Buntstifte**
- **mit Alufolie belegtes Kuchenblech**
- **Backofen**
- **Topflappen**

Anleitung

(FÜR DIE MÜNZEN)

1. Schneide von allen drei Modelliermassen jeweils die Hälfte ab. Bewahre die einen Hälften in einem Plastikbeutel auf, damit du sie später wieder verwenden kannst. Die anderen verarbeitest du zu Münzen:

2. Knete die goldene Modelliermasse kräftig mit beiden Händen, bis die Masse weich und warm ist.

3. Forme sie zu einer Kugel und drücke sie dann mit der Handfläche platt. Anschließend rollst du sie mit dem Nudelholz oder einem Glas zu einer dünnen, etwa 5 mm dicken Schicht aus. Ebenso verfährst du mit der silbernen und der bronzefarbenen Modelliermasse.

4. Mit dem Flaschenverschluss kannst du Kreise aus der Masse herausstechen. Für größere runde Münzen nimm einen kleinen Deckel. Für ungewöhnlichere Formen sieh nach, welche Plätzchenausstecher ihr im Küchenschrank habt. Dreiecke, Quadrate und andere einfache Formen kannst du freihand ausschneiden.

Die Münzen prägen

- Mit einer Gabelspitze und den verzierten Stielen alter Silberlöffel kann man interessante Muster an den Münzrändern anbringen.

- Der Abdruck von Kreuzschlitzschrauben oder echten Münzen ist ebenfalls sehr wirkungsvoll.

WEITER AUF SEITE 34

• Graviere mit der Spitze eines Zahnstochers Muster in die Münze.

• Du kannst kleine Kügelchen oder Spiralen aus einer anderen Modelliermassenfarbe formen und auf die Münzen drücken.

• Nach dem Backen können die Münzen mit Buntstiften bemalt werden.

• Wenn deine Energie noch nicht erschöpft ist, kannst du Zeichen oder Symbole fotokopieren, die du gerne auf deinen Münzen hättest. In der Bastelanleitung für das Amulett (Seite 22–23, Schritte 4 bis 6) kannst du nachlesen, wie man die Zeichen auf die Modelliermasse überträgt und einbrennt.

Die Münzen werden gebrannt

Lege die Münzen vorsichtig auf das Kuchenblech und schiebe es in den vorgeheizten Ofen. Folge, was die Backdauer und -temperatur betrifft, den Anweisungen auf der Verpackung der Modelliermasse. Vergiss nicht die Topflappen, wenn du das Kuchenblech wieder aus dem Backofen nimmst. Wenn die Münzen abgekühlt sind, kannst du sie in den Lederbeutel tun.

Die Riesenratte von Sumatra, giftige Kröten und andere durch und durch ungemütliche Begleiter

Eine Ratte, so groß wie eine große Katze? Eine Kröte, so schwer wie ein Ziegelstein? Würdest du eine von beiden zu deinem Vertrauten, zum Haustier oder zu deinem ständigen Begleiter wählen? Einige Zauberer ziehen die gewöhnliche Gartenkröte oder die handliche Ratte im Hosentaschenformat vor. Aber die Wahl liegt bei dir. Wenn du gern etwas Großes hättest, versuche die weiße Sprague-Dawley-Ratte oder die weiße, dunkel gefleckte Wistar-Ratte: Sie werden bis zu 20 cm groß. Magst du mehr das Exotische, solltest du über *Rhizomys sumatrensis* nachdenken, die großartige Sumatra-Bambusratte. Mein guter Freund, der berühmte englische Detektiv Sherlock Holmes, hat eher grausige Erinnerungen an dieses imposante Tier. Mit einem ungefähr 50 cm langen Körper und einem fast ebenso langen Schwanz lässt diese Riesenratte eine normale schwarze oder braune Ratte wie einen Zwerg aussehen. Stell sie dir einmal freigelassen in einem dunklen Zimmer vor ...
Cricetomys gambianus, die Gambia-Riesenhamsterratte, ist fast genauso groß und wird von vielen Nichtzauberern als sanftmütiges Haustier gehalten. Sie liebt es, glitzernde Dinge wie Knöpfe und Münzen zu sammeln und in ihren Backentaschen mit sich herumzutragen.
Früher glaubte man, Kröten würden die Kraft des bösen Blicks abwehren, indem sie seine schlechten Strahlen aufsaugen. Frösche dagegen symbolisieren Reichtum. Bekanntermaßen handelt es sich bei vielen Fröschen eigentlich um verwandelte Prinzen! Aber vielleicht ist es ja wirklich so, dass man eine Menge Frösche küssen muss, um einen Prinzen zu bekommen, wie meine Schwestern, die Hexen, mir erzählt haben.
Kröten sind vielleicht mehr dein Ding, aber sogar Zauberer sollten sich vor der giftigen Riesenkröte *(Bufo marinus)* hüten, die auch als Agakröte bekannt ist. Dieses warzige Monster frisst alles, was durch seinen Schlund passt, auch kleine Säugetiere. Es wird (inklusive Beine) fast 50 cm groß. Am scheußlichsten sind die Säckchen hinter seinen Augen, die mit einem Gift prall gefüllt sind. Es ist so gefährlich, dass es Menschen ernsthaft Schaden zufügen und Hunde oder Katzen sogar töten kann, wenn diese die Kröte angreifen. Wenn du vor allem Wert auf die Größe legst, ziehe lieber den etwa 30 cm langen ungiftigen Goliath-Frosch aus Westafrika in Betracht, oder den kleinsten Frosch der Welt: den *Psyllophryne didactyla* aus Brasilien, der gerade mal 10 mm groß wird.

Hochgeschwindigkeits-Besen

Kein Grund zum Verzweifeln! Auch mit dem abgeschnittenen Besenstroh kannst du noch die Staubflocken hinter dem Schreibtisch und unter der Couch wegfegen.

FRAGE ZUVOR DEINE ELTERN, OB DU IHREN BESEN IN EINE RASENDE FLUGMASCHINE VERWANDELN DARFST.

Was du brauchst

- Strohbesen mit Holzstiel
- schwarzen Markierstift
- große Schere
- Zeitungspapier oder Plastikplane
- Acrylfarben (Farbe deiner Wahl)
- Pinsel
- reflektierendes Klebeband
- feste Pappe
- Schnitz- oder Teppichmesser
- Hammer
- kleine Nägel
- Fahrrad-reflektoren
- Heißklebepistole

Anleitung

1. Lege den Besen auf den Fußboden. Ziehe mit dem Markierstift eine diagonale Linie von der oberen Nahtlinie bis zur unteren Ecke des Besenstrohs (Abbildung 1 auf Seite 36).

2. Schneide das Besenstroh an der markierten Linie mit der Schere ab (Abbildung 2).

ABBILDUNG 1

3. Bedecke eine Arbeitsfläche mit Zeitungspapier oder einer Plastikplane. Lege den Besen darauf und bemale eine Seite des Holzstiels in deiner Lieblingsfarbe. Trocknen lassen. Dreh den Besen um und bemale die andere Seite des Besenstiels. Wieder trocknen lassen. Wenn die Farbe noch nicht ausreichend deckt, überziehe jede Seite mit einer zweiten Farbschicht.

4. Nun kannst du den Besen mit Streifen verzieren und die Flammen (Abbildung 3) auf das Stroh malen. Vielleicht hast du auch eine viel bessere Idee, wie der Besen gestaltet werden könnte. Du könntest dem Besen auch einen Namen geben und diesen auf den Stiel schreiben (mein letzter Besen hieß Gewitterwolke).

5. Klebe reflektierendes Klebeband unten auf den Stiel und wickle das Band diagonal um den Besenstiel. Schneide das Band ab, wenn du oben angekommen bist.

6. Vergrößere auf einem Fotokopierer die Vorlage für die Stabilisierungsflosse (Abbildung 4) und schneide sie aus. Lege sie auf die Pappe, übertrage darauf die Umrisse der Vorlage und schneide die Flosse aus. Anschließend wird sie angemalt.

7. Ritze mit einem Messer gerade Schlitze in die Pappe (Abbildung 4). Sie sollten gerade so breit sein, dass du den Besen hindurchschieben kannst. Befestige die Flosse am Stiel mit einem oder zwei kleinen Nägeln und klebe die Fahrradreflektoren mit Heißkleber auf.

ABBILDUNG 2

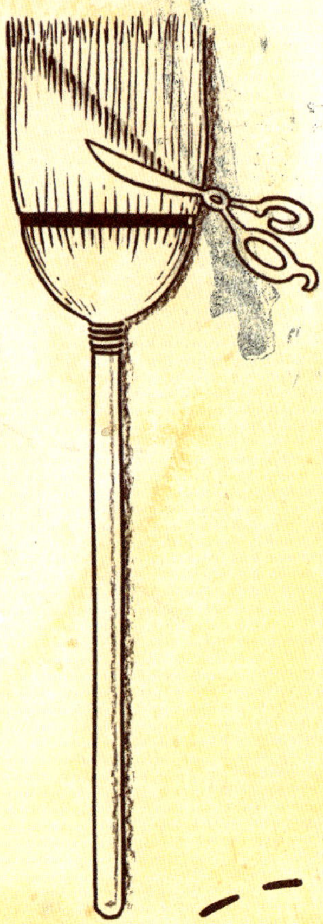

ABBILDUNG 4

ABBILDUNG 3

Magische Überschuhe

Je nachdem, ob diese Überschuhe aus Filz für die alltägliche Zauberarbeit oder für Festtage gedacht sind, werden sie mehr oder weniger aufwendig verziert.

Was du brauchst

- Maßband
- Papier (DIN A3) und Bleistift
- Lineal
- Schere
- Filz (42 cm breit, 60 cm lang)
- Stecknadeln
- Nadel und Faden
- selbst klebendes Klettband
- 2 kleine Plastiktüten

Zum Verzieren:

- Filzreste
- Textilkleber
- Plusterfarbe

Anleitung

1. Zunächst musst du deine Schuhe ausmessen, die du beim Zaubern trägst. Beim Maßnehmen solltest du die Schuhe anhaben. Notiere alle Werte auf einem Stück Papier.
Wert A: Miss mit einem Maßband den Umfang deiner Schuhe an der Sohle. Das ist die Maßangabe A.

2. Wert B: Stell deinen Fuß auf den Boden und miss die Entfernung vom Boden bis zum höchsten Punkt des Fußrückens.

3. Wert C: Miss die Entfernung vom Boden bis zur Schuhmitte im Bereich der Ballens.

4. Wert D: Miss vom Boden bis zum hinteren, oberen Rand deines Schuhs.

5. Nimm den Wert A, füge 2,5 cm hinzu und teile das Ergebnis durch 2. Zeichne eine Linie von dieser Länge auf das Papier (= Linie A). Das ist die Sohle deines Überschuhs.

Abbildung 1

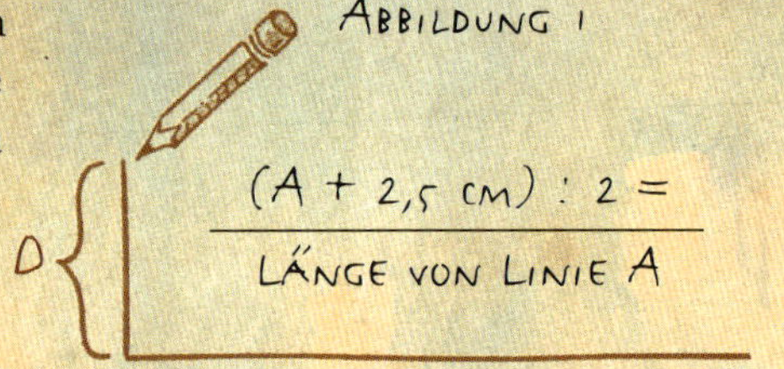

6. Zeichne am Anfang und senkrecht zu dieser Linie eine zweite Linie in der Länge von Wert D ein. Das ist die hintere Höhe deines Überschuhs (Abbildung 1).

7. Auf die Mitte von Linie A setzt du eine senkrechte Linie (= Linie B) mit der Länge von Wert B (Abbildung 2).

Abbildung 2

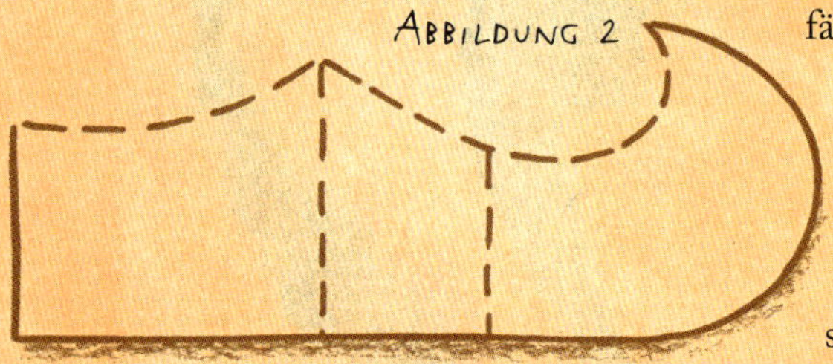

8. Zeichne eine weitere senkrechte Linie mit der Länge von Wert C auf die Mitte zwischen Linie B und dem rechten Ende von Linie A.

9. Verbinde die senkrechten Linien wie in Abbildung 2 gezeigt. Zeichne auch die gebogene Zehenlinie wie abgebildet ein.

10. Schneide dieses Schnittmuster aus. Stecke es auf den Filz und schneide den Stoff für die Schuhe entlang den Umrissen des Schnittmusters aus. Wiederhole diesen Schritt, bis du vier Teile ausgeschnitten hast.

11. Lege zwei Filzstücke passgenau übereinander und stecke sie zusammen. Nähe die beiden Teile mit einem so genannten Festonstich (was das für ein Stich ist, siehst du auf Abbildung 3) von Punkt X bis Punkt Y zusammen.

12. Genauso verfährst du mit dem zweiten Schuh.

13. Streife die Überschuhe über deine Schuhe. Zeichne mit einem Bleistift auf dem Filz die Punkte ein, an denen sich die Seitenteile hinten überlappen.

Abbildung 3

14. Schneide zwei Stücke Klettband in der Länge von Wert D zurecht.

15. Dort, wo sich die Schuhe hinten überlappen, klebst du die beiden Klettbandstücke auf. Achte darauf, dass du sie richtig herum befestigst: Das Klettband soll an dieser Stelle die Schuhe zusammenhalten.

16. Wiederhole die Schritte 14 und 15 für den anderen Schuh.

17. Wenn du möchtest, kannst du die Schuhe noch verzieren. Schneide aus einem andersfarbigen Filz kleine Sterne oder andere Motive aus und befestige sie mit Textilkleber auf den Schuhen. Alternativ kannst du auch mit Plusterfarbe arbeiten.

18. Stopfe die gebogenen Spitzen deiner Schuhe mit zusammengeknüllten kleinen Plastiktüten aus. So behalten sie ihre Form.

Magischer Ring

Schimmernder Stein aus Glas,
leuchtendes güldenes Band.
Mit Gerechtigkeit und Güte
trag diesen Ring an deiner Hand.

Der magische Ring, den ich hier beschreibe, ist zwar wunderschön, hat aber ziemlich wenig Watt, weshalb er für Zauberlehrlinge besonders geeignet ist. Aber wer weiß? Versuche, deine samstägliche Hausarbeit auf deinen kleinen Bruder abzuwälzen. Falls das funktioniert, hat der Ring doch mehr Kraft, als ich dachte …

Was du brauchst

- Holzstock (fingerdick)
- dünnen Messing- oder Kupferdraht
- Maßband
- Seitenschneider
- Flachzange
- große Glasmurmel oder flachen Glasstein
- Klebeband

Anleitung

1. Suche dir einen Stock oder Stab, der so dick wie der Finger ist, an dem du deinen Ring tragen wirst.

2. Schneide ein 60 cm langes Stück Draht ab. Wickle den Draht fest und eng sechsmal um den Stab (Abbildung 1 auf Seite 40). Schiebe den Draht von dem Stab herunter.

3. Wickle das äußere Ende des Drahtes in mehreren Windungen um den Ring herum, um alle Drähte zusammenzuhalten.

Benutze zum Anziehen des Drahtes die Flachzange (Abbildung 2).

4. Lege dein Glasjuwel auf den Ring. Wickle das lange Drahtende einmal um die Murmel. Halte den Draht vorübergehend mit einem Klebestreifen an der Murmel fest (Abbildung 3).

5. Führe den Draht durch den Ring und dann wieder nach oben und lege ihn kreuzweise über die Murmel (Abbildung 4). Du kannst den Draht so oft um die Murmel wickeln, wie es dir gefällt und der Draht reicht.

6. Wickle den Draht zuletzt einige Male eng um den Auflagepunkt der Murmel, um ihn zu sichern, und schneide den überschüssigen Draht ab. Fertig ist der Ring (Abbildung 5).

Geheimnisvolle Zaubertruhe

Eine einfache Kiste aus Pappe aus dem Supermarkt oder einem Möbelhaus kann ohne viel Aufwand in eine Truhe verwandelt werden. Hier werden die Zauberutensilien aufbewahrt, die du gerade nicht brauchst.

Was du brauchst

- Pappkarton mit abnehmbarem Deckel
- Acrylfarben (Farbe deiner Wahl)
- Pinsel
- Schere
- Bleistift
- Aluschalen
- Lineal
- Kugelschreiber
- Klebepistole
- Stück Papier

1. Jedem Sternzeichen ist eine Farbe, ein Metall und ein Stein zugeordnet. Du kannst deine Kiste mit einem Muster aus astrologischen Symbolen gestalten. Verziere sie mit breiten senkrechten Streifen. Male dann dein Sternzeichen an mehreren Stellen auf die Streifen. Wie wärs mit der Farbe deines Symbols (siehe Seiten 95 bis 97)? (Ich bin Fisch: Ich habe daher ein metallisches Violett für die Streifen genommen und Silber für mein Sternzeichen.) Dann malst du in einer Farbe deiner Wahl noch andere Symbole zwischen die Streifen.

2. Vergrößere dein Sternzeichen, sodass es etwas kleiner als der Deckel ist. Schneide es aus, zeichne den Umriss auf den Deckel und male es aus.

3. Für die Scharniere schneidest du mit einer Schere acht 5 x 15 cm große Rechtecke aus den Aluschalen.

Runde die Ecken etwas ab. Male mit dem Kugelschreiber mehrere kleine Kreise auf die Ecken; das sind die »Nagelköpfe«. Präge die Kreise wie in der Präge-Anleitung auf Seite 114 beschrieben. Klebe je zwei Aluscharniere um jede Ecke der Kiste.

4. Für das Namensschild schneidest du eine beliebige Form aus der Aluschale. Schreibe deinen Namen mit den Zeichen des Runenalphabets (siehe Seite 84) auf ein Stück Papier. Halte dieses gegen eine Fensterscheibe, die beschriebene Seite wird auf das Glas gepresst. Ziehe die spiegelverkehrten Buchstaben mit einem Bleistift nach. Verwende diese Vorlage, um deinen Namen auf das Schild zu prägen. Klebe das Schild anschließend auf die Kiste.

Wer hat das geworfen??!!!

Poltergeister und ihre Scherze

Fenster, Türen und Kleiderschränke öffnen und schließen sich von ganz allein. Lichter gehen aus und an, ein merkwürdiger Duft zieht durchs Haus und es poltert ohne Grund. Steine, Staub oder kleine Gegenstände regnen aus heiterem Himmel auf dich herunter; die Perücke deiner Großmutter fliegt von ihrem Kopf quer durchs Zimmer. Das Klavier oder der Kühlschrank beschließen, einen kleinen Spaziergang über den Flur zu machen und der Fernseher schaltet sich von selber ein. Auf deinem Computerbildschirm erscheinen sonderbare Nachrichten und du hast keine Ahnung, wie sie dorthin gekommen sind.

Was, um Himmels willen, geht da vor? Du hast einen Poltergeist im Haus und meine ganze Sympathie.

Die schelmischen und manchmal bösartigen Gesellen haben schon im Altertum Rabatz gemacht. Meistens treten sie in der Nacht in Erscheinung. Sie können innerhalb von wenigen Minuten kommen und gehen oder aber sich monate- oder jahrelang herumtreiben. Sie fühlen sich vor allem von Häusern, in denen weibliche Teenager leben, magisch angezogen.

Auf der ganzen Welt gibt es Geschichten über Poltergeister. In einer wird beschrieben, wie in Bingen am Rhein Menschen im Schlaf aus ihren Betten geworfen wurden. Ein weiterer berühmter Fall war 1661 der Trommler aus Tedworth. Ein englischer Friedensrichter befahl dem Trommler, mit dem Schlagen seiner Trommel aufzuhören, weil der Lärm die Dorfbewohner belästigte. Nachdem die Trommel in ein Haus in einem Dorf in der Nähe von Tedworth zur Verwahrung gebracht worden war, vernahmen die Bewohner dieses Hauses Getrommel, Stürme, Keuchen, abscheuliche Gerüche, Kratzen und andere Störungen, die zwei Jahre andauerten.

Ein Brief aus dem Jahre 1715 von der Mutter von John Wesley, dem Begründer der Methodistenkirche, beschreibt Stöhnen und andere Anzeichen eines Poltergeists in ihrem Haus, dem englischen Pfarrhaus in Epworth. »Old Jeffrey« – so lautete der Spitzname, den die Familie der Erscheinung gegeben hatte – verließ das Haus nach zwei Monaten.

Im Jahre 1817 begann ein Poltergeist die Familie Bell aus Robertson County in Tennessee (USA) zu belästigen. Er bewarf die Kinder auf dem Schulweg mit Stöcken und Steinen; woraufhin die Kinder die Wurfgeschosse wieder zurückwarfen!

In einem Bericht von 1973 aus Paraguay wird beschrieben, wie ein Poltergeist einen Kinderwagen aus einem Haus beförderte und draußen unter einem Baum abstellte. Das Baby in dem Wagen schlief ruhig weiter.

1977, in einem ganz gewöhnlichen Haus im Norden Londons, peinigte der Enfield-Poltergeist die Familie Hodgson, indem er Möbel verrückte, mit Haarbürsten warf und Nachrichten auf die Wände schrieb. Nach anderthalb Jahren verließ er endlich das Haus.

1981 veranlassten zuschlagende Türen, absonderliche Geräusche und durch die Zimmer fliegende Münzen schließlich doch ein junges englisches Paar, aus ihrem Haus in Kent auszuziehen.

Mein Rat? Wenn ein Poltergeist dein Haus besucht, denke daran, dass er nicht für immer bleiben wird und dass er freundlich sein kann. Sollte jedoch eine Haarbürste auf dich zufliegen, vergiss nicht, dich zu ducken!

Kapitel 2

Deine Zauberburg

Mit ein paar Tricks und Handgriffen wird dein Kinderzimmer zur Burg und sieht so aus, als würde ein Zauberer dort wohnen. Viele praktische Dinge gibt es dort: Zum Beispiel dient die Kristallkugel von Seite 53, wenn du nicht gerade die Zukunft aus ihr liest, als Nachttischlampe. Meinen ersten fliegenden Teppich habe ich in Arabien gefunden, und Ali Baba, der Teppichhändler, hat mir freundlicherweise erklärt, wie man ihn herstellt. Ich gebe seine Anweisungen an dich weiter. Natürlich brauchst du noch einen magischen Spiegel, und wenn du deine Zaubererfreunde so richtig beeindrucken willst, kannst du ein Foto basteln, auf dem die Vergangenheit, die Gegenwart und die Zukunft zu sehen sind – je nachdem, wie du es drehst.

Von meinen neuen Fähigkeiten

sind alle hellauf begeistert.

Fliegender Teppich

Wenn du nicht nach Istanbul fahren kannst, um auf dem Basar einen fliegenden Teppich zu kaufen, musst du selbst einen anfertigen. Stell dir vor, wie viel Spaß es machen würde, über die Kirchen (oder den Zauberladen in deiner Stadt) zu schweben, wenn dieser Teppich wirklich magisch wäre. Oder fliegt er vielleicht doch?

Was du brauchst

- kleinen, waschbaren Läufer*
- Schere
- Stoffkreide
- Zeitungspapier
- Stofffarben (Farbe deiner Wahl)
- Pinsel
- Fransenbesatz (Länge: 2 x die Breite des Läufers)
- Textilkleber oder Nadel und Faden
- Bücher zum Beschweren

*Halte nach Läufern Ausschau, die gewebt (also nicht geknüpft) sind. Wenn dein Teppich ein Muster hat, dreh ihn um und verziere die Rückseite. Du kannst auch Teppichbodenreste mit flachem Flor verwenden. Auch Bodenbeläge aus Sisal sind geeignet.

Anleitung

1. Vergrößere die Moscheevorlage (Seite 126) auf einem Fotokopierer, sodass zwei oder mehr auf deinen Teppich passen. Außerdem brauchst du noch eine Vergrößerung, ca. 150 Prozent, vom Wappen mit Krone (Seite 126 unten).

2. Schneide die Vorlagen aus. Lege sie an den zuvor bestimmten Stellen auf den Teppich und zeichne die Umrisse mit Stoffkreide nach.

3. Lege deine Arbeitsfläche mit Zeitungspapier aus.

4. Male die Moscheen und das Wappen aus.

5. Dann werden freihand Schnörkel rund um die Moscheen gemalt; du kannst sie klein oder groß zeichnen, wie es dir gefällt.

6. Schneide den Fransenbesatz zweimal in der Breite deines Teppichs zu und befestige ihn an beiden Seiten mit Textilkleber. Beschwere den Besatz mit dicken Büchern und lass ihn trocknen. Wenn du möchtest, kannst du den Besatz auch an den Teppich nähen.

Spiegel der Phantasie

Hephaistos (der griechische Gott der Feuers und der Schmiedekunst) schuf das Original und schenkte mir diesen Zauberspiegel, der in einen Silberrahmen eingefasst und mit kostbaren Juwelen besetzt ist. Du kannst eine Kopie dieses Spiegels anfertigen und die Metallarbeiten ohne Amboss nacharbeiten.

Was du brauchst

- kleinen Spiegel (quadratisch oder rechteckig)*
- Schere
- Pappe (verwerte einen alten Karton)
- Bleistift
- Lineal
- Heißklebepistole
- Alufolie
- Klebstoff
- Acrylfarbe (Schwarz, Braun oder Dunkelblau)
- Pinsel
- Papierhandtücher oder Lappen
- Filz oder Pappe (in der Größe der Rückseite des Spiegels)
- selbst klebenden Bildaufhänger
- »Juwelen« aus Plastik oder Glas

*KAUFE EINEN BILLIGEN, NICHT ZU SCHWEREN SPIEGEL. EIN ERWACHSENER KANN DIR HELFEN, EINEN EVENTUELL VORHANDENEN RAHMEN ZU ENTFERNEN.

Anleitung

1. Kopiere und vergrößere die Vorlagen auf Seite 48, sodass sie um die Ecken des Spiegels passen. Schneide die kopierten Vorlagen aus.

2. Lege eine Vorlage auf ein Stück Pappe und zeichne mit einem Bleistift ihre Umrisse nach. Wiederhole diesen Schritt, bis du vier Stück davon hast. Schneide sie mit einer Schere aus.

6. Schneide vier Streifen Alufolie aus, die ein wenig größer sind als die Seiten des Rahmens. Knittere die Folie vorsichtig mit deinen Händen und streiche sie dann auf einer ebenen Fläche wieder glatt. Streiche den Rahmen mit Klebstoff ein.

3. Lege die vier Pappen direkt an die Ecken des Spiegels. Miss mit einem Lineal, wie breit und wie hoch der Spiegel mit den Pappecken ist.

4. Schneide aus Pappe ein Rechteck mit den zuvor ermittelten Maßen aus.

5. Lege den Spiegel auf die Mitte der Pappe und befestige ihn mit Heißkleber. Eingerahmt wird er von den vier Pappecken, die du ebenfalls mit Heißkleber auf der Unterlage befestigst.

7. Lege die leicht geknitterte Folie auf die Pappe. Passe die Folie mithilfe deiner Finger den geschwungenen Formen des Rahmens an. Arbeite langsam: Wenn du zu schnell arbeitest oder zu fest drückst, zerreißt du die Folie. Schlage die überschüssige Folie auf die Rückseite des Rahmens um.

8. Trage mit einem Pinsel Acrylfarbe auf ein Stück des Rahmens auf und wische dann den Farbüberschuss mit einem Papiertuch oder einem Lappen wieder ab, um der Oberfläche ein antikes Aussehen zu verleihen. Gehe so mit der gesamten Oberfläche vor. Lass die Farbe trocknen.

9. Miss ein Stück Filz oder Pappe in der Größe der Rückseite des Rahmens aus und schneide es aus. Klebe dieses Rechteck mit der Heißklebepistole auf die Rückseite des Rahmens. Darauf wird schließlich noch der Bildaufhänger geklebt.

10. Befestige die »Juwelen« mit Heißkleber nach Belieben auf der Vorderseite des Rahmens.

FOTOKOPIERE DIESE VORLAGEN, UM DIE ECKEN DEINES SPIEGELS ZU SCHMÜCKEN.

Magische Schwimmkerze

In keinem Zaubererhaushalt darf eine magische Schwimmkerze fehlen! Bevor du anfängst, musst du einen erwachsenen Zauberer fragen, ob er einverstanden ist. Wenn du die Kerze anzündest, achte darauf, dass dies an einem sicheren Ort geschieht, und lass die Flamme niemals unbeaufsichtigt.

Was du brauchst

- Holzschraube (2,5 cm lang)
- Kerze (etwa 13 cm lang, 2 cm dick)
- 1-Liter-Einmachglas
- Wasser
- Lebensmittelfarbe (wahlweise)
- Streichhölzer

Anleitung

1. Drehe die Holzschraube in das flache Ende der Kerze, achte darauf, dass die Schraube gerade ist und sich nicht zur einen oder anderen Richtung neigt.

2. Fülle das Einmachglas bis 2,5 cm unterhalb des Randes mit Wasser. Wenn du möchtest, kannst du zum Färben des Wassers einige Tropfen Lebensmittelfarbe hinzufügen.

3. Halte die Kerze am Docht und lass sie langsam mit dem Schraubenende voran in das Wasser gleiten. Die Kerze sollte frei schwimmen, ohne den Boden des Glases zu berühren, und das Dochtende sollte über der Wasseroberfläche sein. Lass den Docht vorsichtig los und prüfe, ob das obere Ende der Kerze ins Wasser fällt. Wenn sie anfängt umzukippen, versuche es mit einer schwereren Holzschraube.

4. Zünde die Kerze mit einem Streichholz an.

Knochen-Tafel

Jeder Zauberer braucht einen Ort, wo er Notizen oder Nachrichten aufschreiben kann. Ansonsten könnte er vergessen, eine Unze Fledermaushaare mitzubringen, wenn er das nächste Mal in der Stadt ist. Die gekreuzten Knochen am Rand der Tafel lassen die Nachrichten noch geheimnisvoller erscheinen.

Was du brauchst

- weiße oder elfenbeinfarbene Modelliermasse (58 g)
- mit Alufolie belegtes Kuchenblech
- Backofen
- Topflappen
- Heißklebepistole
- gerahmte Schiefertafel

Anleitung

1. Knete die Modelliermasse in deinen Händen. Rolle sie zu einer Kugel und klopfe sie wieder flach. Wiederhole diesen Schritt, bis die Masse warm und weich ist.

2. Trenne eine kleine Kugel vom Block. Forme daraus eine Schlange, die ungefähr so lang ist wie dein kleiner Finger. Forme eine zweite Schlange in der gleichen Größe.

3. Lege die Schlangen so übereinander, dass sie ein X bilden. Drücke sie vorsichtig ein wenig flach. Glätte die Knetmasse an den Rändern der Kreuzungspunkte.

4. Forme aus der verbliebenen Knetmasse acht kleine Kugeln. Drücke jeweils zwei Kügelchen an die Enden der Schlangen, sodass diese wie Knochen aussehen. Glätte die Verbindungsstellen zwischen Kugeln und Schlangen.

5. Fertige drei weitere Knochenkreuze an.

6. Lege die gekreuzten Knochen vorsichtig auf das Kuchenblech. Backe die Knochen nach den Anweisungen des Herstellers auf der Verpackung. Nimm das Kuchenblech mit Topflappen aus dem Backofen und lass die Knochen vollständig erkalten.

7. Klebe die gekreuzten Knochen mit der Heißklebepistole auf die vier Ecken des Rahmens.

Draco und andere Himmelsschlangen

Der Drache Draco war vor 4000 Jahren das mächtigste Sternbild am Nachthimmel. Hierbei handelt es sich um eine Gruppe von Sternen in Form einer Schlange mit dreieckigem Kopf. Draco war in alten Zeiten der Polarstern, der Mittelpunkt des Abendhimmels. Die Ägypter nannten ihn Thuban; bei den Persern hieß er Ashdeha, Menschen fressende Schlange; und die Hindus nannten ihn Shi-shu-mara, einen riesigen Alligator. Früher erschien es den Menschen, die den Himmel Nacht für Nacht im Wechsel der Jahreszeiten beobachteten, als drehten sich die Planeten und Sterne um Draco. Vor 3000 Jahren wurde die große Pyramide von Khufu in Gizeh so gebaut, dass man Draco immer vom Boden der Luftschächte aus sehen konnte, die tief in das geheimnisvolle Herz der Pyramide reichten.
Die Sterne haben sich verschoben, und heute ist Polaris der Polarstern. Aber der mächtige Draco schimmert immer noch am Abendhimmel.
Den alten Griechen zufolge entstand Draco, als die Göttin Athene in einem zehnjährigen Krieg gegen böse Riesen kämpfte. Ein Riese warf einen Drachen nach Athene und sie schleuderte ihn an den Nordhimmel, wo er sich dann niederließ. Babylonische Geschichten erzählen von der bösen Seeschlange Tiamat, die für das dunkle Chaos verantwortlich war, das in der Welt herrschte, bevor Erde und Himmel geschaffen wurden. Neue Götter tauchten auf, um Ordnung in die Welt zu bringen, und Tiamat bekämpfte sie mit Unterstützung anderer schrecklicher Seemonster, giftiger Schlangen und von Männern in Skorpion-Gestalt. Marduk, ein Held, den die Götter mit magischen Kräften ausgestattet hatten, bekämpfte Tiamat mithilfe himmlischer Winde. Tiamat wurde in Stücke gerissen und Marduk, der Drachentöter, baute den Himmel mit seinen Sternen und die Erde.
Herkules ist Teil der Legende um Hydra, das vielköpfige Monster. Die riesige, neunköpfige Wasserschlange lebte in einem Sumpf. Ihr Blut war giftig und ihr Atem wirkte sofort tödlich. Der Held versuchte, das Monster zu töten, aber jedes Mal, wenn er einen seiner Köpfe abschlug, wuchs ein anderer an seiner Stelle nach! Schließlich nahm Herkules eine brennende Fackel und versiegelte die Wunde, wenn er einen Kopf abgeschlagen hatte, damit kein neuer Kopf nachwachsen konnte. Obwohl eine Riesenkrabbe aus dem Sumpf Hydra zu Hilfe eilte, konnte Herkules sie besiegen, indem er jenen Kopf abschlug, der ewig leben konnte.
Eine andere alte Legende besagt, Hydra sei eine Schöpfung des Gottes Apoll gewesen, der ärgerlich war, weil sein Lieblingsrabe sich verspätet hatte, als er ihm einen Becher Wasser bringen sollte. Der Rabe hatte angehalten, um Früchte zu essen, hatte dann seinem Herrn eine Wasserschlange gebracht und behauptet, die Schlange habe die Verspätung verursacht. Apoll durchschaute die Lüge und warf den Vogel, den Becher und die Schlange in die Lüfte. Crater (Sternbild Becher) und Corvus (Sternbild Rabe) sind heute auf dem Rücken der Schlange am Himmel zu erkennen.
Ophiuchus ist das als Schlangenträger bekannte Sternbild. Dahinter steht die Geschichte von Äskulap, der die heilende Kraft der Kräuter entdeckte: Er beobachtete, wie eine Schlange einer anderen, scheinbar toten Schlange einen Kräuterzweig gab, die daraufhin wieder gesund wurde. Äskulap studierte die Kräuter und benutzte sein Wissen, um Kranke zu heilen. Hades, der Gott der Unterwelt, beklagte sich bei seinem Bruder, dem Gott Zeus, dass, seit der Doktor so viele Menschen heile und sie von den Toten zurückbringe, weniger in die Unterwelt kämen. Zeus stimmte ihm zu und tötete Äskulap durch einen Blitzschlag. Weil er aber die Talente des Doktors bewunderte, stellte Zeus ihn zusammen mit der Schlange an den Himmel. Das bekannteste Medizinsymbol ist auch heute noch der Äskulapstab: ein Stab, um den sich eine Schlange windet.

Fledermäuse und Sterne

Leuchte, leuchte Fledermaus,
worauf bist du heute aus?
Da oben schwebst du in der Nacht,
du hast mir wahrlich Angst gemacht!

Leuchtet, leuchtet kleine Sterne.
Was macht ihr da in weiter Ferne?
Ich muss in meinem Zimmer liegen,
könnt ich wohl zu euch fliegen?

Was du brauchst

- Schere
- Fotokarton (Schwarz und Silber oder Gold)
- Bleistift
- Schneide-brett
- Messer
- dünne Schnur
- Klebstoff
- Heftzwecken

Anleitung

1. Fotokopiere und vergrößere die Vorlagen (siehe Seite 125) für die Fledermäuse und Sterne und schneide sie mit der Schere aus.

2. Lege die Fledermausvorlage auf den schwarzen Fotokarton und zeichne den Umriss nach. Du brauchst 30 Fledermäuse.

3. Lege die Sternvorlagen auf den silber- oder goldfarbenen Fotokarton und zeichne die Umrisse nach. Zeichne insgesamt 30 Sterne.

4. Lege den Fotokarton auf das Schneidebrett und schneide vorsichtig die Fledermäuse und Sterne mit dem Messer aus.

5. Schneide 30 Fäden zurecht (zwischen 30 und 40 cm lang).

6. Klebe das eine Fadenende auf die Mitte einer Fledermaus. Setze kleine Klebstofftropfen auf die Ränder des Kartons und lege eine zweite Fledermaus darauf. Wiederhole diesen Schritt, bis du 15 doppelte Fledermäuse geklebt hast.

7. Klebe jetzt 15 doppelte Sterne.

8. Auf einer Leiter und mithilfe eines erwachsenen Zauberers befestige die Fäden mit Heftzwecken (oder Klebestreifen) an der Decke. Lass die Fledermäuse und Sterne über deinem Bett schweben.

Schimmernde Kristallkugel

Das meiste Material für dieses Projekt bekommst du in einem Baumarkt oder in einem Lampengeschäft. Du kannst auch eine fertige Lampe in Kugelform kaufen oder ganz ohne Elektrizität, allein mit deiner Phantasie – der Magie, die uns allen zur Verfügung steht – die Kugel zum Leuchten bringen.

Was du brauchst

- durchsichtige Glaskugel (wie sie für Lampen verwendet wird)
- Glasreiniger
- Papiertücher
- Pauspapier
- Bleistift
- Schere
- durchsichtige Klebefolie
- Ätzgel oder Frostingspray
- Zeitungspapier
- Lampenfassung (mit Kerzenbirne)
- Lampenfuß

Anleitung

1. Reinige die Kugel mit Glasreiniger und lege sie beiseite.

2. Zeichne die Vorlagen auf Seite 126 mit Pauspapier ab. Du kannst auch andere Motive wie Halbmonde oder Drachen nehmen. Schneide die Vorlagen aus (Abbildung 2).

3. Übertrage die Umrisse auf die durchsichtige Klebefolie und schneide die Motive aus (Abbildung 3). Wie viele Sterne und Spiralen du brauchst, hängt von der Größe der Glaskugel ab.

4. Ziehe das Schutzpapier von der Folie ab und klebe die Motive auf deine Kugel. Wenn dir das Motiv an einem Platz nicht gefällt, kannst du es vorsichtig wieder abziehen und woandershin kleben (Abbildung 4).

5. Mit Ätzgel oder Frostingspray solltest du nur im Freien oder bei geöffnetem Fenster arbeiten. Damit die Möbel nichts abbekommen, legst du deine Arbeitsfläche großzügig mit Zeitungspapier aus.

6. Lies die Anleitung des Herstellers für das Ätzgel bzw. das Frostingspray sorgfältig durch. Besprühe deine Kugel wie auf der Packung beschrieben (Abbildung 5).

7. Wenn das Spray trocken ist, ziehe die Plastikfolien wieder ab. Die Bereiche auf der Kugel, auf denen die Folien klebten, sind klar und durchsichtig, alle anderen Bereiche sind geätzt oder gefrostet.

8. Bitte einen Erwachsenen, die Lampenfassung zu montieren (das ist keine Tätigkeit für junge Zauberer). Schraube eine kleine Kerzenbirne in die Fassung und setze die Kugel auf den Lampenfuß.

Die Hand des Ruhmes

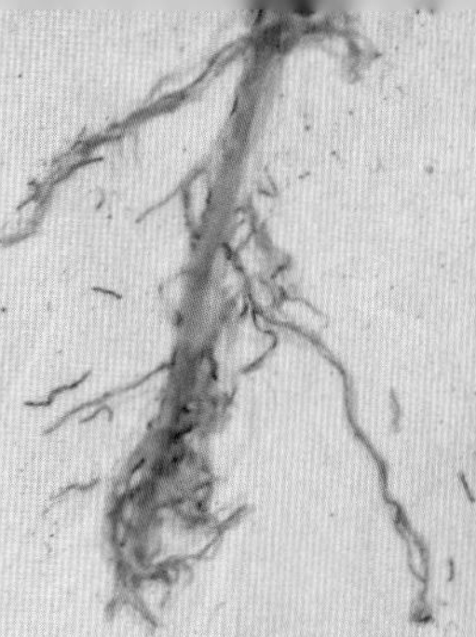

oder: Keine Macht der schwarzen Magie

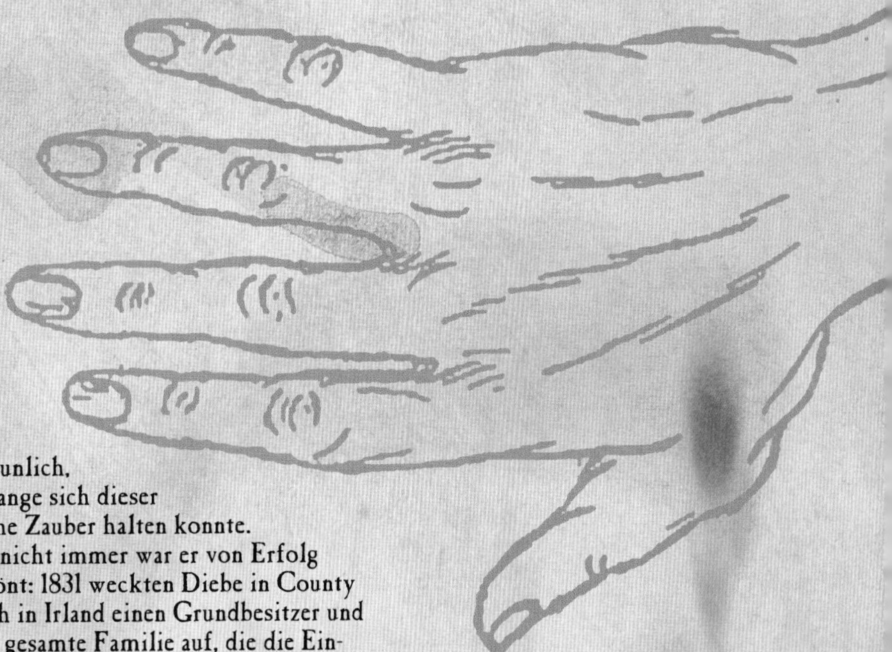

Ich habe diese Praxis niemals gutgeheißen, aber in den dunklen Zeiten des Mittelalters gab es einige wenige, die aus Händen von gehängten Männern Kerzenleuchter anfertigten. Der Zweck war böser Zauber, und kein guter Zauberer, der etwas auf sich hält, würde irgendetwas damit zu tun haben wollen.
Nachdem sie vom Fett befreit, gewürzt, gepökelt und getrocknet worden war, hatte die so genannte Hand des Ruhmes sehr viel Ähnlichkeit mit der Hand einer Mumie. Aus dem Fett der Hand wurden Kerzen gemacht. (Vergiss es, von mir bekommst du das Rezept dafür nicht. Ich sagte dir ja, ich billige es nicht.) Die Hand mit der angezündeten Kerze verströmte ein Licht, das jeden lähmen sollte, der es erblickte.
Die Hand konnte auch einen Schlafenden verzaubern, sodass er den ganzen Tag lang weiterschlief, ohne aufzuwachen. Das war in jedem Fall sehr praktisch für Diebe und Feiglinge, die nicht erwischt werden wollten – was auch immer sie gerade machten.

Erstaunlich,
wie lange sich dieser
falsche Zauber halten konnte.
Und nicht immer war er von Erfolg gekrönt: 1831 weckten Diebe in County Neath in Irland einen Grundbesitzer und seine gesamte Familie auf, die die Einbrecher auf frischer Tat ertappten, als sie das Haus, erhellt von einer Hand des Ruhmes, ausrauben wollten. Sie rannten weg und ließen die Hand zurück. Wahrscheinlich endeten sie im Gefängnis.
Vergiss nicht, dass manchmal keine Magie nötig ist, um eine schlechte Tat zu bestrafen – nur ein Wort zur Polizei, am rechten Ort und zur rechten Zeit. Aber erzähl niemandem, dass ich das gesagt habe, und ... nein, ich weiß nicht mehr genau, ob es in dieser Gegend Irlands in genau jener Nacht passierte.

Gestern, heute, morgen

Überrasche deine Freunde mit einem Bild, auf dem deine Vergangenheit, Gegenwart und Zukunft zu sehen sind: etwa durch ein Babyfoto, einen kürzlich aufgenommenen Schnappschuss und ein Foto von dir als Zauberer. Je nachdem, in welchem Blickwinkel du auf das Bild schaust, siehst du eines der drei Fotos.

Was du brauchst

- Babyfoto von dir*
- aktuelles Foto von dir*
- Foto, das dich als Zauberer zeigt*
- großes Blatt Papier
- Lineal
- Bleistift
- Schere
- Klebestift
- Bücher zum Beschweren
- Blatt Papier
- Fotokarton

*WICHTIG IST, DASS DIE FOTOS GLEICH GROSS SIND. WENN EINS KLEINER ALS DIE ANDEREN IST, KANNST DU ES AUF EINEM FARBKOPIERER VERGRÖSSERN.

Anleitung

1. Zeichne auf das Papier ein Rechteck, das die gleiche Höhe wie ein Foto hat und dreimal so breit wie ein Foto ist (Abbildung 1). Wenn deine Bilder sehr groß sind, musst du vielleicht noch zusätzliches Papier ankleben, damit der Streifen lang genug wird. Schneide das Rechteck aus.

2. Teile das Rechteck mit Lineal und Bleistift in 1,5 cm breite Abschnitte (Abbildung 2).

3. Falte das Papier entlang der Bleistiftlinien zusammen: jeder dritte Streifen bleibt flach liegen, während die anderen ein Dach bilden (Abbildung 3).

4. Beschrifte die Streifen fortlaufend mit den Ziffern 1, 2 und 3 (Abbildung 4).

5. Schneide alle drei Fotos in 1,5 cm breite Streifen.

Achte darauf, dass die Streifen auf keinen Fall breiter sind.

6. Lege die Streifen von jedem Foto in der richtigen Reihenfolge vor dir auf den Tisch, sodass man alle drei Bilder erkennen kann. Klebe nun die Streifen des »Vergangenheits-Bilds« in der richtigen Reihenfolge auf die mit 1 bezeichneten Streifen des gefalteten Papiers (Abbildung 5).

7. Dann klebe die Streifen des »Gegenwarts-Bilds« auf die mit 3 markierten Abschnitte. Zuletzt kommen die Streifen des »Zukunfts-Bilds« auf die 2.

8. Lege ein sauberes Papier über dein Bild und beschwere es mit Büchern. Lass die Streifen mindestens eine Stunde lang trocknen.

9. Schneide den Fotokarton in der Größe eines Fotos zurecht. Lege den Bilderstreifen wie in Abbildung 3 gefaltet vor dich auf den Tisch.

10. Streiche den Karton gleichmäßig mit Klebstoff ein und lege den Bilderstreifen darauf. Drücke die Streifen 1 und 2 zusammen und klebe die Streifen 3 flach auf die Pappe.

Magische Laterne

Das Licht meiner magischen Laterne
leuchtet hell wie der Mond und die Sterne,
die hoch droben am Himmel stehen.
Hast du sie auch schon gesehen?

Was du brauchst

- Lampe mit weißem Papier- oder Stoffschirm
- Acrylfarbe (Farbe deiner Wahl)
- Pinsel
- Schere
- weiße Klebefolie
- Bleistift

Anleitung

1. Male die Innenseite des Lampenschirms an und lass die Farbe trocknen.

2. Kopiere einige Vorlagen von Seite 125 und 126 und schneide sie aus.

3. Lege die Vorlagen auf die Klebefolie, zeichne ihre Umrisse nach und schneide sie aus.

4. Male die ausgeschnittenen Klebefolien auf der nicht klebenden Seite in der Farbe der Innenseite des Lampenschirms an. Lass die Farbe trocknen.

5. Ziehe die Schutzfolie auf der Rückseite ab und klebe die Motive auf die Innenseite des Schirms. Am Tag, wenn die Lampe ausgeschaltet ist, kannst du sie nicht sehen. Aber bei Nacht, wenn du das Licht einschaltest, kommen die Formen plötzlich zum Vorschein.

Ist da jemand?!!!

Heulende Totenköpfe und berühmte kopflose Geister

In vielen Häusern spukt es, und die Menschen, die in ihnen leben, berichten von übernatürlichen Besuchern – sogar bei helllichtem Tag. Wirklich gut bekannt sind aber wohl jene Geister, die in alten britischen Landgütern, Schlössern und Klöstern ihr Unwesen treiben. Viele von ihnen sind die Seelen von Männern und Frauen, die durch das Beil des Scharfrichters ihren Kopf verloren haben. Höchst bedauerlich. Dann gibt es noch die Geschichten von Köpfen, die ihre Körper verloren haben, die berüchtigten heulenden Totenköpfe … In einigen alten Häusern spuken Totenköpfe, die sich weigern, das Haus zu verlassen. Der Totenkopf eines katholischen Priesters, der 1641 wegen Verrats hingerichtet wurde, ruht in Wardley Hall in der Nähe von Manchester (Großbritannien). Der Kopf des Priesters wurde nach der Hinrichtung zur Abschreckung öffentlich zur Schau gestellt, dann wurde er nach Wardley Hall gebracht, wo er viele Jahre lang zu sehen war. Als einer der Besitzer versuchte, ihn zu beerdigen, brachen gewaltige Stürme los. Auch nachdem er in einen Teich geworfen wurde, tauchte er in Hall wieder auf.

Mit dem heulenden Totenkopf von Bettiscombe Manor im englischen Dorset passierte Ähnliches. Der Legende nach handelte es sich hier um den Totenkopf eines westindischen Sklaven. Der Besitzer des Sklaven versprach, seine Leiche zum Begräbnis nach Afrika zurückzubringen, hielt sich aber nicht an sein Versprechen und begrub den Sklaven stattdessen auf dem dortigen Kirchhof. Nachdem mysteriöses Schreien und Stöhnen die Familie wochenlang wach gehalten hatte, brachten sie den Leichnam zurück auf den Dachboden des Landgutes. Nach vielen Jahren blieb nur noch der Totenkopf übrig. Jedes Mal, wenn er von dem Landgut entfernt wurde, zerstörten Gewitterstürme die Ernte und das Vieh kam um. Der Totenkopf wurde neun Fuß tief in der Erde begraben, arbeitete sich aber am nächsten Tag seinen Weg an die Oberfläche und wartete darauf, nach Hause gebracht zu werden. Bei einer Untersuchung des Schädels fand man heraus, dass er aus vorgeschichtlicher Zeit stammt – vielleicht der Überrest einer alten Begräbnisstätte an der Stelle des heutigen Landgutes. Sklave oder nicht: Die Eigentümer des Landgutes weigern sich heute, den Totenkopf aus dem Haus zu entfernen. Wer könnte es ihnen übel nehmen?

Wenn es um die Anzahl von Geistern von Geköpften geht, ist der Tower in London unschlagbar. Er hatte sich durch die Jahrhunderte als berüchtigter Kerker und Hinrichtungsort einen zweifelhaften Namen gemacht. Er beherbergt auch prominente Geister wie die junge Anna Boleyn, die zweite Frau Heinrichs VIII., die wegen Verrats geköpft wurde. Annas blasse Gestalt irrt in den Gängen des Towers umher, mit und ohne ihren Kopf. Wachen wollen sie in der Kapelle des Towers gesehen haben, wo sie begraben liegt. Margaret, die Gräfin von Salisbury, verlor 1541 im Tower ihren Kopf. Ihr laute Schreie ausstoßender Geist wandert heute noch durch den angrenzenden Garten, wie es Margaret zu Lebzeiten tat, bevor ihr Kopf auf den Henkersblock gezwungen wurde.

Himmlische Bettwäsche

Auch Zauberer brauchen regelmäßig Schlaf – und am liebsten legen sie sich an einem Ort nieder, der zu ihnen passt. Zum Beispiel in ein Bett, das mit unserer himmlischen Bettwäsche bezogen ist. Zwischen den vielen Fledermäusen kann man sich so richtig wohl fühlen – findest du nicht auch? Natürlich kannst du auch andere Motive auswählen. Und wie wärs mit dazu passenden Wandbehängen?

Was du brauchst

- Schere
- Pauspapier
- Bleistift
- Moosgummi
- doppelseitiges Klebeband
- 2–3 Schaumstoffschalen aus Verpackungen
- Bett- und Kissenbezug (beides einfarbig)
- Zeitungspapier
- Stofffarben (nach deiner Wahl)
- kleine Schaumstoffschwämme
- Blatt Papier

Anleitung

1. Du kannst fertige Gummistempel in Bastelgeschäften kaufen oder aber selbst welche herstellen. Kopiere dafür alle oder nur eine der Vorlagen auf dieser Seite. Schneide sie aus, lege sie aufs Moosgummi und zeichne die Umrisse mit einem Bleistift nach. Klebe das Moosgummi mit dem doppelseitigen Klebeband auf den Schaumstoff. Schneide die Formen aus. Simsalabim! Du hast gerade deine eigenen Stempel hergestellt!

2. Überlege, wie deine Bettwäsche aussehen soll. Möchtest du nur die Ecken deines Kissens stempeln? Gefällt dir ein einfaches Band aus Sternen (oder Fledermäusen) am oberen Rand deines Bettbezugs besser als eine ganze Galaxie über den gesamten Bettbezug verteilt? Wenn du dich für ein Muster und die Farben entschieden hast, kannst du mit der Arbeit beginnen.

3. Zunächst solltest du die Bettwäsche waschen. Das ist besonders wichtig, wenn du neue Wäsche gekauft hast – die Farbe wird nicht gut haften, wenn sie noch Stärke enthält.

4. Bedecke eine glatte Arbeitsfläche mit mehreren Schichten Zeitungspapier.

5. Gieße eine kleine Menge Farbe auf eine Schaumstoffschale und verteile die Farbe mit einem kleinen Schwamm auf deinem Stempel. Probiere den Stempel auf einem Stück Papier aus. Wenn du weißt, wie viel Farbe du auf den Stempel auftragen und wie fest du den Stempel aufdrücken musst, um einen guten Abdruck zu bekommen, kannst du deine Bettwäsche verzieren.

6. Beginne mit dem Kissen. Lege einige zusammengefaltete Lagen Zeitungspapier in das Kissen, um zu verhindern, dass die Farbe auch auf die andere Seite des Kissens läuft. Streiche den Stoff mit den Händen glatt. Stemple beliebig viele Motive auf das Kissen. Trocknen lassen.

7. Verfahre genauso mit dem Bettbezug. Wenn du möchtest, kannst du die Sterne und Kreise wie auf der Zeichnung links kombinieren. Lass jeden Aufdruck trocknen, bevor du einen neuen darüber setzt.

8. Folge beim Fixieren der Farbe den Anweisungen des Herstellers, damit sie sich bei der nächsten Wäsche nicht auswäscht.

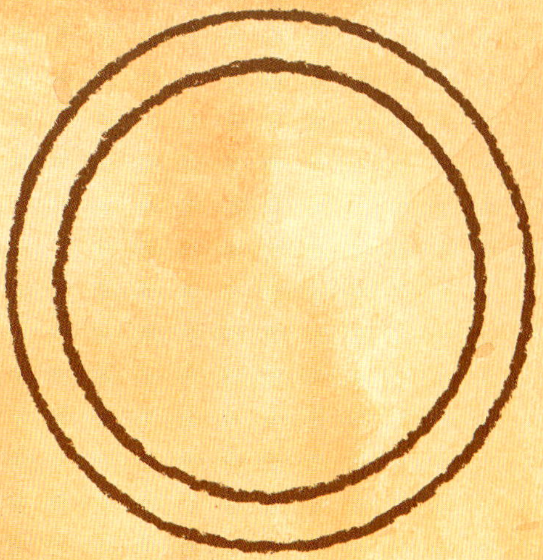

Manchmal muss ein Zauberer mutig sein,

wenn er Unbekanntem begegnet.

Kapitel 3

Der Zaubergarten

Die Alraunwurzel ist mit die wichtigste Zutat für Zaubertränke. Das Geheimnisvolle an ihr ist ihre menschenähnliche Gestalt. In diesem Kapitel findest du mein unfehlbares Erfolgsrezept, wie man diesen Effekt auch mit Äpfeln erreicht. Außerdem erkläre ich dir, wie man einen magischen Garten anlegt, der Zauberwesen in dein Haus oder deine Burg lockt. Die flugs herbeigeeilten Elfen werden sich sicherlich gern im eigens für sie errichteten Pavillon entspannen und einen Elfenreigen zur Musik deines Tamburins tanzen.

Was du brauchst

- große, feste Äpfel
- Gemüseschäler
- Küchenmesser
- Salz (½ Tasse)
- Pottasche (2 Teelöffel)*
- warmes Wasser (6 Tassen)
- große Rührschüssel
- Untertasse (wahlweise)
- große Büroklammer oder ein Stück festen Draht
- Zange
- 60 cm Schnur

Alraune-Schrumpfkopf

Drachenblut (siehe Seite 108) und Alraune (bzw. unser Imitat aus Äpfeln) sind für einen Zauberer einfach unverzichtbar. Jeder Alraune-Schrumpfkopf hat eine eigene Persönlichkeit. Wenn du ihn an einem luftigen Ort aufbewahrst, sollte er mit der Zeit dunkler werden, aber nicht verderben. Warum du vorsichtshalber Ohrenschützer bei der Arbeit tragen solltest, erfährst du auf Seite 66.

*POTTASCHE GIBT ES IN DER GEWÜRZABTEILUNG IM SUPERMARKT.

Anleitung

1. Entferne die Schale des Apfels mit dem Gemüseschäler, lass oben und unten einen kleinen Rest Schale sitzen (Abbildung 1).

2. Schnitze die Gesichtszüge mit dem Gemüseschäler oder dem Küchenmesser (Abbildung 2). Schneide rechts und links von der Nase keilförmige Stücke heraus und hebe flache Vertiefungen für die Augen aus. Ein flacher Schlitz wird zum Mund. Kerbe an beiden Seiten des Kopfes Halbkreise für die Ohren ein und schäle kleine Stücke um die Ohren herum ab, damit sie plastisch hervortreten. Arbeite während des Schnitzens die Gesichtszüge so klar heraus, dass man sie auch noch erkennen kann, wenn der Apfel beim Trocknen schrumpft.

3. Löse in der Rührschüssel Salz und Pottasche in 6 Tassen warmem Wasser auf. Lege den geschnitzten Apfel in die Lösung und lass ihn über Nacht ziehen. Vielleicht musst du eine Untertasse auf den Apfel legen, damit er nicht nach oben schwimmt, sondern ganz von der Flüssigkeit bedeckt bleibt.

4. Nimm den Apfel aus der Lösung.

5. Biege die Büroklammer oder den Draht gerade und forme mit der Zange eine kleine Schlaufe an einem Ende des Drahtes. Drücke das gerade Ende des Drahtes oben in den Apfel, schiebe den Draht durch den Apfel und unten wieder heraus. Biege den Draht um, damit er nicht verrutscht (Abbildung 3).

6. Fädle die Schnur durch die Schlaufe und verknote sie. Hänge den Apfel an einem trockenen und vor direktem Sonnenlicht geschützten Ort auf. Es dauert zwei oder drei Wochen, bis er getrocknet ist, abhängig von der Feuchtigkeit.

Magische Alraunen, sagenumwobene Blumen & schauerliches Grünzeug

»Es gibt mehr Ding' im Himmel und auf Erden, als eure Schulweisheit sich träumt.« Diese Worte legte der englische Schriftsteller William Shakespeare (1564–1616) Hamlet, der Titelfigur einer seiner Tragödien, in den Mund. Shakespeares Theaterstücke sind reich an Zauberwesen und Zaubersprüchen. Von wem, denkst du, hat Shakespeare all diese Insiderinformationen? Von meiner Wenigkeit! (Ich bin heute wieder besonders bescheiden …) Aber eigentlich wollte ich gerade sagen, dass zur Zauberkunst auch die Fähigkeit gehört, hinter die Dinge zu schauen und ihren wahren Kern zu erfassen. Kinder und Künstler sind von Natur aus gut darin.

Es gibt so viele Pflanzen auf der Welt, dass sogar ich nicht alle kenne. Aber du solltest über einige Arten Bescheid wissen, die häufig bei der Zauberarbeit auftauchen. Einige haben einen magischen Ruf, andere sind schlichtweg faszinierend. Und einige Pflanzen kennen wir nur aus Legenden, die mündlich weitergegeben werden. Aber vergiss nicht: Wir Zauberer haben geschworen, ihren Standort geheim zu halten.

Die berühmteste magische Pflanze ist die giftige Alraunwurzel, auch unter dem lateinischen Namen *Mandragora officinarum* bekannt.

Die Alraunwurzel wurde einst als Betäubungsmittel eingesetzt und Liebestränken beigemischt. Man schrieb ihr aber auch magische Kräfte zu, weil ihre verzweigte Wurzel an einen menschlichen Körper erinnert. Im 15. Jahrhundert zogen Waldzauberer in Deutschland ihre Alraunwurzeln wie kleine Menschen an, badeten sie in Milch und gaben ihnen zu »essen«.

Im Nahen Osten glaubte man, die Wurzel vertreibe böse Geister. Glasbläser umschlossen die Wurzel mit einem Glasbehälter, um ihre Kraft wie einen Flaschengeist einzufangen. Eine Alraunwurzel konnte jede Frage beantworten, die man ihr stellte, und wenn man über Nacht Goldmünzen neben sie legte, hatten sie sich am nächsten Morgen verdoppelt. Zu ihrer dunklen Seite gehört die Geschichte der Borgia, einer mächtigen Familie, die ihre Feinde langsam mit Alraunwurzeln vergiftet haben soll. Gefährlich war auch die Ernte: Man glaubte, dass jeder, der sie aus der Erde zöge, durch den schrecklichen Schrei der Pflanze getötet würde. Deshalb mussten die Menschen ihre Ohren bedecken oder andere Wege ersinnen, die Pflanze zu ernten, ohne ihren Schrei zu hören.

Für alle, die daran glauben, ist Drachenblut schon immer die stärkste Zutat für ein magisches Gebräu gewesen (mein persönliches Rezept für Drachenblut steht auf Seite 108). Vor mehreren hundert Jahren kam das »Blut« von dem sagenumwobenen Drachenbaum *(Dracaena draco)*. Dieser Baum wächst in Spanien und auf der Insel Teneriffa, andere Arten kommen auch in Ostafrika und Südarabien vor. Er hat einen riesigen, hohlen Stamm und schwert-

ähnliche Blätter und Äste, die wie Finger in den Himmel zeigen. Wird der Stamm aufgeritzt oder verwundet, sickert dunkelrotes Harz heraus. Geschickte Hände formten aus dem gehärteten Harz so genannte »Dracheneier« oder schnitzten kleine Drachen daraus. Die Substanz war so kostbar, dass viele Fälschungen auf dem Markt waren!

Kannst du dir vorstellen, dass es eine Blume gibt, die wie totes Fleisch riecht? Sie heißt Aasblume *(Stapelia)* und ist eine fleischige Pflanze mit sternförmigen Blüten und fünf spitz zulaufenden Blütenblättern mit dunkelvioletten und braunen Punkten. Du kannst sie an einem sonnigen Standort in Töpfen ziehen, aber ich würde mich nicht in ihre Nähe setzen!

Eine seltene und wunderbar schaurige Pflanze ist der Titanenwurz *(Amorphophallus titanum)*, die größte bekannte Blume der Welt und wahrscheinlich auch die am übelsten riechende. Sie wächst in den Regenwäldern auf Sumatra und blüht nur alle 12 bis 37 Jahre. Eine einzelne Blüte (in Wirklichkeit eine Ansammlung von Tausenden winziger Blüten) wird mehr als 1,80 m hoch und bis zu 4 m breit. Während ihrer Blütezeit sprießt ein dicker fleischiger Dorn aus ihrer Mitte hervor. Der schreckliche Geruch ähnelt einer Mischung aus verdorbenem Fisch und brennendem Zucker. Ich selbst konnte die fauligen Ausströmungen nicht länger als ein paar Minuten aushalten. Nach nur ein oder zwei Tagen bricht die Blüte zusammen und stirbt ab.

Im Laufe der Jahrhunderte haben Reisende von phantastischen Bäumen berichtet. *Antiaris toxicaria*, der Upas- oder Giftbaum, wächst in Südostasien. Sein Milchsaft dient als Pfeilgift. Vielleicht sagt man ihm deshalb nach, dass er Dämpfe ausströme, die Tiere und Menschen töten könnten. Jeder, der in seinem Schatten einschlafe, wache nie wieder auf.

Kräuterkundige schrieben über den Gänsebaum auf der britischen Isle of Man, der sich öffnet, um lebende Gänse herauszulassen!

Viele Reisende behaupteten, sie hätten in der Gegend von Sodom und Gomorrha, den biblischen Städten, einen riesigen Baum gesehen. Die Einwohner wurden wegen ihres sündigen Lebens von Gott getötet. An dem gigantischen Baum wuchsen die riesigen »Äpfel aus Sodom«, die in den Händen derer, die sie zu pflücken versuchten, zu Rauch und Asche wurden – eine Erinnerung an das göttliche Urteil.

DENK AN DEINE FINGER!!!

Gewächshaus mit Fleisch fressenden Pflanzen

Wusstest du, dass einige Pflanzen sich von lebenden Insekten und rohem Fleisch ernähren? Man nennt sie Fleisch fressende Pflanzen, und du kannst sie in Gartencentern kaufen. Wie man sie pflanzt und pflegt, erfährst du hier.

Fleisch fressende Pflanzen können Nährstoffe nicht aus der Luft und dem Boden aufnehmen, so wie gewöhnliche Pflanzen das tun, sondern fangen und fressen Insekten. Zu ihnen gehört auch die Venusfliegenfalle *(Dionaea muscipula)*. Sie besitzt Blätter, die bei der kleinsten Berührung zuschnappen und alles einschließen – auch deinen Finger. Sie können bis zu drei Fliegen auf einmal verspeisen. Der Sonnentau *(Drosera dielsiana)* besitzt Dutzende dünner, klebriger Tentakel, die ausholen können und an denen ein Insekt nach der Berührung haften bleibt. Kannenpflanzen *(Nepenthes)* wachsen ursprünglich in Sümpfen. Sie sind wie Vasen geformt. Hat sich einmal ein Insekt an die hübschen Lippen gewagt, kann es nicht mehr entwischen! Das Opfer rutscht tiefer und tiefer und landet schließlich in einer mit Flüssigkeit gefüllten Mulde, wo es langsam verdaut wird.

Was du brauchst

- Glas oder durchsichtigen Plastikbehälter (20 l Fassungsvermögen)
- kleine Kieselsteine
- Torfmoos
- destilliertes Wasser oder Regenwasser, in einem Eimer gesammelt
- Sand
- Löffel
- Venusfliegenfalle *(Dionaea muscipula)*
- Sonnentau *(Drosera dielsiana)*
- Kannenpflanze *(Nepenthes)*
- Tasse oder Gießkanne
- ein schweres Buch
- Beleuchtung mit Energie-Sparlampe (wahlweise)

Anleitung

1. Achte darauf, dass der Behälter sauber und trocken ist. Lege ihn auf eine Seite und verteile eine 1,5 cm dicke Kiesschicht auf dem Boden.

2. Nimm einen Klumpen Torfmoos, tauche ihn in den Eimer mit Wasser und drücke alle Luft aus dem Moos heraus (Abbildung 1). So kann der Torf das Wasser besser aufnehmen und speichern.

3. Vermische den nassen Torf mit dem Sand (nimm doppelt so viel Torf wie Sand). Verteile diese Erde 5 bis 7 cm dick auf dem Kies. In der freien Natur leben die Fleisch fressenden Pflanzen in extrem nährstoffarmen Böden. Du darfst deshalb keinen Dünger hinzufügen.

4. Grabe mit dem Löffel vorsichtig Löcher in die Erde (Abbildung 2) und setze in jedes Loch eine Pflanze. Fülle die Hohlräume um die Pflanzen herum mit Erde auf und bedecke so ihre Wurzeln.

5. Gieße destilliertes Wasser oder Regenwasser in das Gewächshaus (Abbildung 3). Verwende kein Wasser aus dem Hahn, weil es Minerale enthält, die den

Pflanzen schaden. Fleisch fressende Pflanzen mögen hohe Luftfeuchtigkeit. Deshalb achte darauf, dass der Boden immer feucht, aber nicht schlammig ist. Lass den Behälter offen, damit sich keine Pilze bilden können. Kontrolliere regelmäßig die Pflanzen: Wenn sie ihre Klebrigkeit verlieren, füge mehr Wasser hinzu.

6. Stelle dein Gewächshaus auf die Fensterbank (am besten Südseite) in die volle Sonne. Beschwere es mit einem Buch, damit es fest steht. Die Lampe kommt neben das Gewächshaus. Lasse sie tagsüber brennen und schalte sie aus, wenn du abends ins Bett gehst.

7. Jetzt kommt der vergnügliche Teil. Du kannst deine Venusfliegenfalle wirklich mit rohem Steak füttern, indem du kleine Stückchen auf einen Zahnstocher spießt und vorsichtig das Innere der Blütenblätter antippst. Du kannst aber auch lebende Fliegen und andere Insekten fangen. (Baue dir eine »Falle«, indem du ein Stück Zucker in ein Marmeladenglas legst.)

8. Einige dieser Pflanzen haben jedes Jahr eine Ruhephase. Die Teile über der Erde sterben ab, und es sieht aus, als wäre die ganze Pflanze tot. Gieße etwas weniger und habe Geduld – sie wachsen wieder. Blühende Pflanzen bekommen eine kleine Menge milden, organischen Dünger, zum Beispiel Knochenmehl.

Die sanfte Berührung eines langen, haarigen Beins …

Meine **Begegnungen** mit den größten **Spinnen** der **Welt**

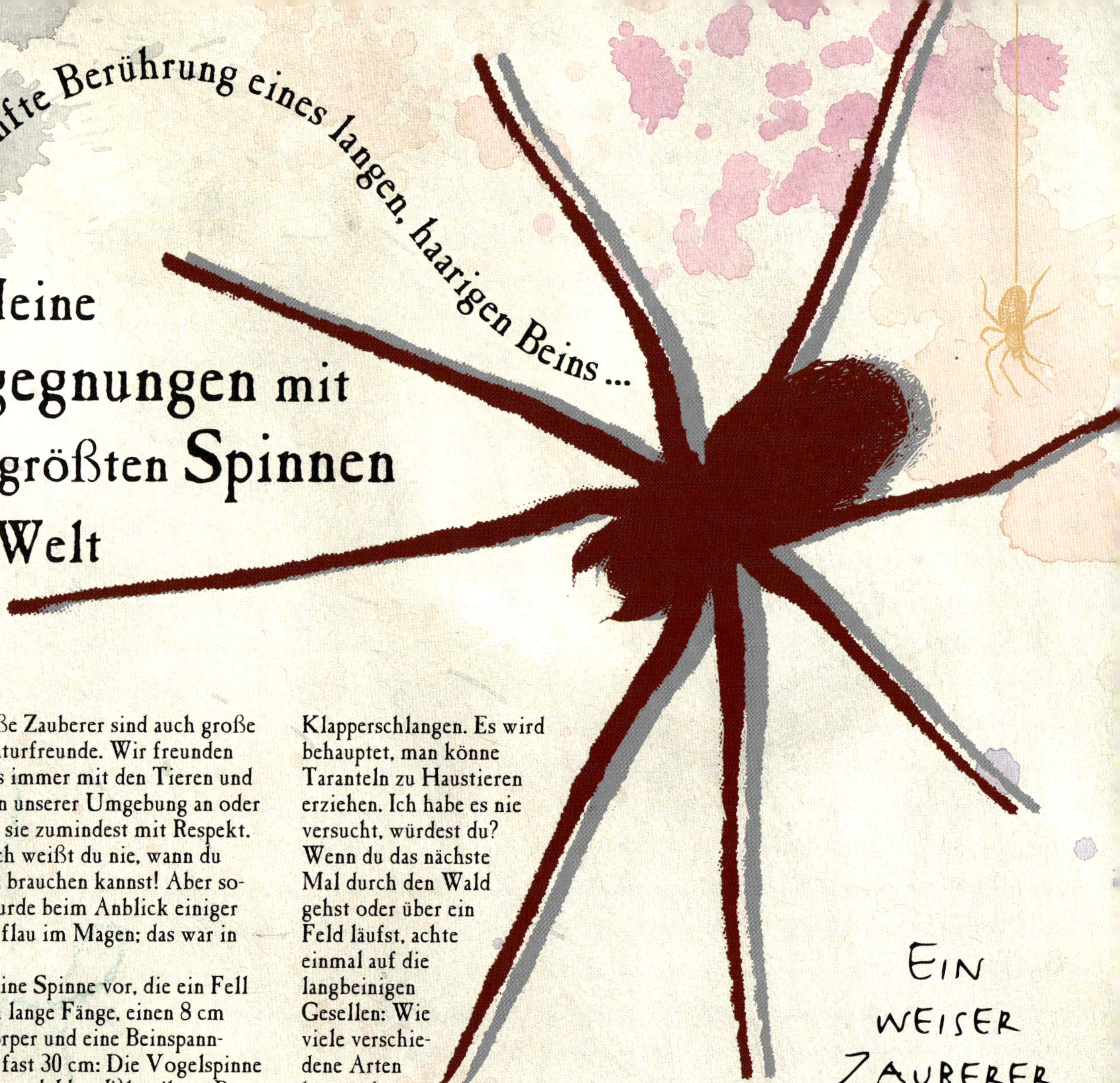

Große Zauberer sind auch große Naturfreunde. Wir freunden uns immer mit den Tieren und Insekten in unserer Umgebung an oder behandeln sie zumindest mit Respekt. Schließlich weißt du nie, wann du ihre Hilfe brauchen kannst! Aber sogar mir wurde beim Anblick einiger Vertreter flau im Magen; das war in Brasilien:
Stell dir eine Spinne vor, die ein Fell hat, 1,5 cm lange Fänge, einen 8 cm langen Körper und eine Beinspannweite von fast 30 cm: Die Vogelspinne *(Theraphosa leblondi)* hat ihren Bau tief im Waldboden und wird nicht gern gestört. Wenn du sie ärgerst, beißt sie oder wirft stechende Haare nach dir. Die größten Spinnennetze webt die tropische Seidenspinne. Die Netze erreichen einen Umfang von bis zu 1,5 m und haben 6 m lange Spannfäden. Südamerikanische Taranteln fressen Tiere, die um ein mehrfaches größer sind als sie selbst – zum Beispiel 45 cm lange Klapperschlangen. Es wird behauptet, man könne Taranteln zu Haustieren erziehen. Ich habe es nie versucht, würdest du?
Wenn du das nächste Mal durch den Wald gehst oder über ein Feld läufst, achte einmal auf die langbeinigen Gesellen: Wie viele verschiedene Arten kannst du entdecken?
Wie unterscheiden sie sich?
Töte niemals eine Spinne – das soll Unglück bringen und den Geldfluss stoppen. Wenn du eine Spinne triffst, die gefährlich aussieht oder größer ist als du, rate ich dir, einfach davonzufliegen oder so schnell zu laufen wie du kannst, und zwar in die entgegengesetzte Richtung.

EKLIG!

EIN WEISER ZAUBERER WEISS, WANN ER SICH WEHREN UND WANN ER FLÜCHTEN SOLLTE.

Elfenreigen

Errichte einen magischen Ort in eurem Garten oder auf dem Balkon, der Elfen anlocken wird. Es könnte allerdings ein wenig laut werden: Das Kleine Volk benutzt solche magischen Kreise in der Nacht gern als Treffpunkt, um dort zu singen und zu tanzen.

Was du brauchst

- Rechen
- Seil (2 bis 3 m lang)
- kleine Schaufel oder Pflanzkelle
- rote und weiße Blumen zur Bepflanzung des Kreises (*Impatiens walleriana* eignen sich besonders gut. Wenn du sie in die volle Sonne pflanzt, musst du sie täglich gießen.)
- Grassamen*
- Stroh
- Gießkanne mit Sprühaufsatz

*ZUM BEISPIEL WEIDELGRAS (LOLIUM) ODER SCHWINGEL (FESTUCA)

Anleitung

1. Suche für deinen Elfenkreis einen halbschattigen Platz. Entferne Gras, Blätter und Unkraut.

2. Lege das Seil kreisförmig auf der sauber geharkten Stelle aus. Du kannst den Kreis so klein oder so groß machen, wie du möchtest.

3. Zerkleinere mit der Schaufel große Erdklumpen und harke die Fläche glatt.

4. Grabe mit der Pflanzkelle in regelmäßigen Abständen so viele Löcher entlang des Kreises, wie du Pflanzen hast. Die Löcher sollten mindestens doppelt so groß sein wie die Ballen der Pflanzen, damit die Wurzeln sich genügend ausbreiten können.

5. Nimm die Blumen vorsichtig aus ihren Töpfen und setze sie in die Löcher. Fülle die Löcher mit Erde auf und drücke diese leicht fest. Elfen lieben die Farben Rot und Weiß: Du kannst die roten und weißen Blumen abwechselnd einpflanzen oder aber in einem beliebigen anderen Muster.

6. Säe die Grassamen nach den Anweisungen auf der Packung auf die umgegrabene, geharkte Erde innerhalb des Kreises. Lege eine dünne Schicht Stroh über die ausgesäte Fläche.

7. Sofort nach dem Pflanzen solltest du die Blumen und Samen kräftig gießen. Wenn die ersten grünen Sprosse aus der Erde kommen, dauert es sicher nicht mehr lange, und das Kleine Volk kann sich an seinem neuen Kreis erfreuen! Vergiss nicht, die Blumen und das Gras genug zu gießen. Verblühtes wird regelmäßig entfernt.

Riesenschnecken

Wer hat sich am Salat vergriffen?

Sicherlich hast du schon öfters im Garten oder in einem Park die glänzenden Spuren der Weinberg- und Nacktschnecke gesehen. Bei Gärtnern sind diese Tierchen nicht so beliebt, da sie ihren großen Appetit gerne mit Gemüsepflanzen und Blumen stillen und schon so manches Beet ratzfatz kahl gefressen haben. Dabei sind sie noch klein gegenüber ihren Artgenossen anderer Erdteile. Das Gehäuse der Echten Achatschnecke kann zum Beispiel bis zu 20 cm lang werden. Das größte Exemplar, das je gesichtet wurde, soll eine Gesamtlänge von fast 40 cm gehabt haben. Sie ist ein guter Esser und in tropischen Ländern eine ziemliche Plage. Als Begleiter für Zauberer sind Schnecken viel zu langsam, es sei denn, du belegst sie mit einem Geschwindigkeitsspruch …

GANZ SCHÖN GLITSCHIG!

Weiße Magie: Kräuter- und Blumentöpfe

Wenn du gerne einen Garten hättest, der freundlich zu Elfen ist und böse Trolle entmutigt, nenne ich dir jetzt die Kräuter und Blumen, die dir dabei helfen können. Jede Pflanze bekommt dabei ihren eigenen Topf und einen Platz zugewiesen, der zu ihr passt. Es ist immer wieder spannend, einen kleinen Samen beim Wachsen zu beobachten. Ist es nicht ein Wunder, wenn etwa aus einer winzigen Eichel ein stattlicher Eichenbaum entsteht?

Was du brauchst

- Blumentöpfe
- kleine Steine, Kies oder Tonscherben
- Blumenerde
- Gießkanne mit Düse

Samentütchen mit folgenden Sorten:

- Engelwurz
- Thymian
- Dill
- Knoblauch*
- Immergrün
- Studentenblume
- Mondwinde
- Rosmarin
- Weinraute
- Johanniskraut
- Majoran
- Distel
- Eisenkraut

*Anstelle von Samen kannst du auch einzelne Knoblauchzehen etwa 5 cm tief und mit einem Abstand von 8 cm einpflanzen.

Anleitung

1. Lege zur besseren Entwässerung eine flache Schicht Steine, Kies oder Tonscherben auf den Boden eines jeden Topfes (Abbildung 1).

2. Fülle die Töpfe bis 5 cm unterhalb des Randes mit Blumenerde (Abbildung 2).

3. Öffne die Samentütchen und streue die Samen dünn auf der Erde aus. Wie dicht du säen sollst, steht auf dem Tütchen. Säe immer nur eine Sorte in einen Topf.

4. Befolge die Anweisungen auf dem Tütchen: Manche Samen werden mit Erde bedeckt (Dunkelkeimer), andere nicht (Lichtkeimer).

5. Drücke die Erde, falls vorhanden, vorsichtig mit den Fingern fest. Anschließend sanft gießen (Abbildung 3).

6. Stelle die Töpfe an einen sonnigen Platz und halte die Erde feucht. Bald werden die Samen zu sprießen beginnen! Manche Kräuter brauchen nun einen eher schattigen Platz, andere lieben die pralle Sonne. Folge dabei den Hinweisen auf den Samentütchen. Wenn sich in einem Topf zu viele Pflänzchen entwickelt haben, zupfe einige heraus und setze sie in einen neuen Topf.

JEDE PFLANZE IN DEINEM MAGISCHEN TOPFGARTEN BESITZT GANZ BESONDERE EIGENSCHAFTEN:

ENGELWURZ
(ANGELICA ARCHANGELICA)
Engelwurz, auch Angelika genannt, ist die mächtigste Pflanze gegen schwarze Magie. Der Erzengel Raffael soll einen Einsiedler auf seine Heilkraft aufmerksam gemacht haben. Jeder Teil von ihr soll gegen das Böse schützen, vor allem aber die Wurzel. Ihre würzigen Blattstiele können kandiert werden. Engelwurz wird bis zu 2,50 m hoch und bevorzugt einen halbschattigen Standort. Erde feucht halten.

THYMIAN (THYMUS VULGARIS)
Bienen lieben Thymian, genau wie Elfen. Diese aromatisch duftende Pflanze hat winzige Blätter und kleine rosafarbene Blüten. Thymian ist ein beliebtes Küchenkraut, zum Beispiel zu Tomatensaucen.

DILL (ANETHUM GRAVEOLENS)
Das Wort Dill ist wahrscheinlich mit dem altnordischen Wort »dilla« für »beruhigen« verwandt. Schon im Altertum sollten seine fedrigen Blättern, Kinder in der Nacht vor bösen Geistern schützen.

KNOBLAUCH (ALLIUM SATIVUM)
Wir alle wissen, dass Vampire Knoblauch hassen und einen großen Bogen um ihn machen. Darüber hinaus ist er sehr gesund. Römische Soldaten aßen ihn, um mutig und stark zu werden. Gekocht schmeckt er nicht ganz so streng wie roh.

IMMERGRÜN (VINCA MINOR)
Diese dicht über dem Boden wachsende Pflanze hat dunkelgrüne Blätter und blaue Blüten. Böse Geister können sie nicht ausstehen, besonders wenn du sie in einer mondhellen Nacht schneidest.

STUDENTENBLUME (TAGETES)
Böse Geister meiden das Licht. Deshalb mögen sie auch die goldfarbenen, wie kleine Sonnen aussehenden Tagetes-Blüten nicht. Du kannst dich bis in den Herbst hinein an ihnen freuen, wenn du regelmäßig Verblühtes entfernst.

MONDWINDE
(CALONYCTION ACULEATUM)
Der Mond spielt eine so wichtige Rolle in der Mythologie und der Magie, dass Mondwinden in einem guten Zaubergarten nicht fehlen dürfen. Diese schnell wachsende Rebe besitzt große herzförmige Blätter und weiße Blüten, die während des Tages geschlossen bleiben. In der Nacht öffnen sich die Blüten und strömen einen schweren nelkenähnlichen Duft aus. Mondwinden benötigen einen Stab, ein Spalier oder einen Zaun, an dem sie hochranken können.

ROSMARIN
(ROSMARINUS OFFICINALIS)
In Italien glaubt man, dass eine Fee unter einem Rosmarinbusch hervorkriecht, wenn man ihn lange genug beobachtet. Rosmarin gedeiht gut in Töpfen. Er hat kleine, immergrüne Nadeln und winzige, lavendelfarbene Blüten. Wenn man an den Nadeln dieses Küchenkrauts reibt, entfaltet sich sein würziges Aroma.

WEINRAUTE (RUTA GRAVEOLENS)
Diese Pflanze hat farnähnliche Blätter und kleine gelbe Blüten. Früher durfte sie in keinem Kräutergarten fehlen und diente als Würz- und Heilpflanze. Die Menschen benutzten sie auch, um sich mit Weihwasser zu besprenkeln und so gegen das von Fremden eingeschleppte Böse zu schützen.

JOHANNISKRAUT
(HYPERICUM PERFORATUM)
Johanniskraut ist ein niedrig wachsendes Kraut mit gelben Blüten. Sein wissenschaftlicher Name kommt aus dem Griechischen und bedeutet »über ein Phantom«, weil sein Geruch böse Geister vertreiben soll. Wenn jemand auf der Isle of Wight in Großbritannien bei Nacht über Johanniskraut läuft, soll angeblich ein Pferd aus dem Zauberreich kommen und ihn davontragen!

MAJORAN
(ORIGANUM MAJORANA)
Böse Hexen hassen Majoran. Pflanze also viel von diesem duftenden Kraut, um sie fernzuhalten. Majoran ist außerdem ein beliebtes Würzkraut und hilft als Salbe bei Schnupfen.

DISTEL (CNICUS BENEDICTUS)
Vor Hunderten von Jahren betete Kaiser Karl der Große, Gott möge ihm beistehen, Frankreich von der gerade wütenden Pest zu befreien. Gott soll ihm geraten haben, einen Pfeil in die Luft zu schießen. Das Kraut, auf dem der Pfeil lande, würde ihm helfen. Der Pfeil traf eine Distel.

EISENKRAUT
(VERBENA OFFICINALIS)
Verbene oder Eisenkraut wurde von den Griechen »Geheiligtes Kraut« genannt. Für die Druiden war es ebenfalls eine heilige Pflanze, und sie besaßen eine besondere Zeremonie, um es zu sammeln. Sie warteten, bis Sonne und Mond unterhalb des Horizonts standen und der Große Hundsstern, Sirius, aufging. Als Opfergabe gossen sie Honig um die Pflanze, zogen sie aus der Erde und schwangen sie mit der linken Hand durch die Luft. Um den Hals gehängte Verbenen sollen außerdem die Liebe anziehen!

Elfen-Pavillon

Wenn du den Elfen, die draußen hinter eurem Haus leben, etwas Gutes tun möchtest, kannst du ihnen einen Pavillon bauen. Zur Dekoration eignen sich alle Blätter und Blumen, die die Jahreszeit gerade hergibt. Wundere dich aber nicht, wenn du eines Morgens aufwachst und den Pavillon in seine Einzelteile zerlegt auf dem Boden wiederfindest – einige Elfenpartys können ziemlich wild werden.

Was du brauchst

- Zweige (siehe Anleitung, Schritt 1)
- Gartenschere
- Taschenmesser
- Bast oder Bindfaden
- Blätter, Farn, Blumen, evtl. Baumrinde
- kleine Steine, Moos, Eicheln

Anleitung

1. Bei einem Spaziergang durch den Wald oder durch deine Nachbarschaft wirst du alle Zweige finden, die du brauchst. Sammle nur Zweige ein, die auf dem Boden liegen. Elfen ärgern sich nämlich maßlos, wenn man Zweige von lebenden Bäumen abschneidet. Du brauchst vier Y-förmige Zweige für die Pfeiler; diese sollten mindestens einen Durchmesser von 1,5 cm haben. Sammle dann eine gute Hand voll dünnerer, gerader Äste. Längere Zweige werden zu kürzeren zurechtgeschnitten.

2. Schneide einen Arm des Y-förmigen Zweiges ab (Abbildung 1). Lass ein kleines Stückchen stehen, damit du Äste darauf legen kannst. Schneide den anderen Arm auf eine Länge von 10 bis 15 cm zurück. Verfahre so auch mit den anderen drei Y-förmigen Zweigen. Dann schneidest du alle vier auf dieselbe Länge. Das ist die Höhe deines Pavillons.

3. Spitze mit dem Taschenmesser die Enden dieser vier Zweige zu: Halte dabei den Zweig in der einen und das Messer in der anderen Hand. Schnitze immer kleine Stückchen ab, drehe den Zweig dabei und schnitze von dir weg nach unten, bis das Ende zugespitzt ist (Abbildung 2).

4. Stecke die Spitze eines Astes in die Erde. Stelle den zweiten Ast so auf, dass sich die langen Arme des Ypsilons gleichmäßig kreuzen, und stecke ihn ebenfalls in die Erde. Binde die Zweige am Kreuzungspunkt mit Bast oder Bindfaden zusammen. Das ist die Vorderseite deines Pavillons. Baue die Rückseite in einer Entfernung von 20 bis 30 cm von der Vorderseite auf.

5. Schneide die übrigen Zweige auf die Länge deines Pavillons zu. Lege einen Ast nach dem anderen wie in Abbildung 3 auf die Dachkanten. So erhältst du eine Unterlage für die Blätter und Zweige.

6. Decke das Dach deines Pavillons mit Blättern, Farn und schmückenden Blumen. Stecke die Blätterstiele zwischen die Zweige; lege Farnwedel längs über das Dach (Abbildung 4). Du kannst auch Baumrinde von gefällten Bäumen benutzen.

7. Lege den Boden des Pavillons mit Blättern oder Rinde aus. Du kannst ihn auch mit kleinen Steinen pflastern oder einen großen, flachen Stein als Veranda davor legen.

8. Ein guter Gastgeber stellt einige Extras bereit: Eicheln als Tassen, weiches Moos als Bett und kleine Zweige als Feuerholz.

Kleine Zauberwesenkunde

Nur jene Menschen, die über eine besondere Gabe verfügen, können die Geistwesen der Natur wahrnehmen. Die meisten von ihnen gehören zum Kleinen Volk (zum Beispiel Elfen, Kobolde, Gnome, Trolle), manche haben Menschengröße, andere sind Riesen. Einige leben im Zauberreich und werden nur sehr langsam alt. Andere wohnen in unserer Welt. Dazu gehören auch zurückgezogen lebende Wesen wie die Zwerge. Oder die Elfen, die gern zusammenkommen, um Feste zu feiern und Spaß zu haben. Du musst mit dem zweiten Gesicht (der Fähigkeit, die Zukunft vorherzusagen) geboren worden sein, wenn du die Zauberwesen sehen willst. Manche Wesen nehmen eine für Menschen sichtbare Gestalt an. Doch du kannst sie lediglich zwischen zwei Wimpernschlägen entdecken. Ein Zauberwesen würde sich niemals zeigen, wenn es annehmen müsste, das man an ihm zweifelt oder sich über es lustig macht. Wenn du es ärgerst, spielt es dir unter Umständen einen Streich. Manchmal kannst du ein Zauberwesen mit einem Geschenk oder ein wenig gesüßter Milch gnädig stimmen. Wenn ein Zauberwesen dich mag, steht es dir vielleicht bei Problemen bei oder schenkt dir Geld oder macht dir andere Geschenke. Manche Zwerge leben in von Menschen bewohnten Häusern und verrichten nachts die Hausarbeit!

Ich gebe dir nun einige Tipps, wie du das Kleine Volk entdecken kannst. Zuallererst: Sei leise! Die meisten Zauberwesen verschwinden beim leisesten Geräusch. Vielleicht haben sie Angst, dass du hinter den berühmten Goldtöpfen her bist, die sie am Ende des Regenbogens vergraben. Verschwinden Medaillons oder Ringe aus deinem Zimmer, ist vielleicht ein Zwerg in der Nähe: die kleinen Wichte haben eine Schwäche für Edelsteine und Gold. Wenn du hörst, dass unter deinem Haus gegraben und geschürft wird, sind es vielleicht Gnome bei ihrem liebsten Zeitvertreib, der Suche nach vergrabenen Schätzen. Außerdem lieben sie die Dunkelheit.

In einigen Gegenden halten sich Zauberwesen besondern gern auf, zum Beispiel in Irland, Wales und Cornwall (Großbritannien) oder der Bretagne (Frankreich). Trage ein vierblättriges Kleeblatt bei dir und halte nach dem Zauberbaum Ausschau, dem Weißdorn. Meide jedoch die besonders energiegeladenen Zauberpfade – nicht dass du noch von einem Zauberwesen entführt wirst.

Die Zeit im Zauberreich lässt sich nicht mit unserer Zeit vergleichen, zwei Stunden dort können 200 Jahren in der Menschenwelt gleichkommen. Zauberwesen lieben Menschenbabys und manchmal tauschen sie ein Baby aus dem Zauberreich gegen ein menschliches aus und ziehen es als ihr eigenes auf. Den Ersatz nennt man ein Wechselbalg, das meistens hässlich ist und einen großen haarigen Kopf hat. Ein Wechselbalg hat einen Riesenappetit, wächst aber nicht und schreit ununterbrochen. Wenn du denkst, dass diese Beschreibung genau auf deinen kleinen Bruder oder deine kleine Schwester passt, musst du erst mal abwarten. Höchstwahrscheinlich wird dein Bruder oder deine Schwester doch noch wachsen …

Elfen-Tamburin

Der sanfte Klang und der süße Duft dieses Tamburins sollen sogar für die scheusten Elfen unwiderstehlich sein. Vielleicht kannst du sie damit aus ihren Verstecken locken.

Anleitung

1. Du kannst fertige Kränze in Bastelgeschäften kaufen. Aber die meisten Elfen können Selbstgemachtes von Gekauftem unterscheiden, und sie neigen dazu, für Dinge, die du selbst gemacht hast, empfänglicher zu sein. Für den Kranz wickelst du die Rebe mehrere Male um die Flasche. Ziehe den so entstandenen Ring von der Flasche und winde das Ende der Rebe mehrmals um den Kranz. Binde ihn zuletzt mit kurzen Stücken Blumendraht an vier oder fünf Stellen zusammen.

2. Schneide vier 60 cm lange Bänder zurecht.

3. Lege ein zugeschnittenes Band doppelt. Schiebe das zusammengefaltete Ende durch den Aufhänger des Glöckchens und ziehe die Schlaufe so weit hindurch, dass du sie um den Kranz legen kannst. Schiebe die beiden Bandenden durch die Schlaufe und ziehe sie fest an, sodass das Glöckchen dicht auf dem Kranz sitzt. Sichere das Band mit einem einfachen Knoten.

4. Bringe die übrigen drei Glöckchen auf dieselbe Weise an.

5. Schneide ein 90 cm langes Band zurecht. Binde das eine Ende mit einem kleinen Knoten an den Kranz. Winde das Band um den gesamten Kranz.

6. Dekoriere den Kranz mit frischen Kräutern, Blättern, Beerenzweigen oder Blüten.

Was du brauchst

- Weinrebe, Geißblatt oder andere holzige Rebe (60-100 cm lang)
- dicke Flasche
- Blumendraht
- Band (2,40 m lang, ca. 5 mm breit)
- Maßband
- Schere
- 4 Glöckchen
- verschiedene frische Kräuter, Blätter, Zweige oder Blumen

Kapitel 4

Geheimnisvolle Bücher

Bücher lesen, Bücher schreiben, sogar Bücher herstellen – mir hat das alles immer großen Spaß gemacht. In diesem Kapitel verrate ich dir, wie du ein großformatiges, geheimes Tagebuch basteln kannst. Außerdem findest du hier Anleitungen für eine Schriftrolle und einen Federkiel, mit dem du eigene Gedanken und Beobachtungen aus deinem Leben als Zauberer festhalten kannst. Für den Fall, dass du deine Notizen geheim halten möchtest, habe ich noch ein paar Rezepturen für unsichtbare Tinten dazugelegt, plus ein Runenalphabet, das niemand, es sei denn, er ist auch Zauberer, entziffern kann. Oder aber du versteckst einfach alles in einem Buchsafe. Die Anleitung dafür steht auf Seite 90.

Ich liebe Bibliotheken.

Nicht-Zauberer haben oft keine Ahnung, wie viele Schätze man hier finden kann.

Geheimes Tagebuch

Das Tagebuch sieht aus wie ein Schatz aus alter Zeit, obwohl du es gerade erst gebastelt hast. Für das hier abgebildete Buch habe ich ziemlich große Papierbögen genommen. Ich bevorzuge große Seiten; sie sind ideal, um Drachen zu skizzieren. Du kannst dein Tagebuch aber auch kleiner oder noch größer machen. Du musst dann aber alle Maße in der Anleitung etwas kleiner bzw. größer nehmen.

WENN DU MÖCHTEST, DASS DAS PAPIER ALT UND VERGILBT WIRKT, MALE ES MIT TEE AN, BEVOR DU MIT DEM BASTELN BEGINNST. SIEHE SCHRITT 2 BIS 4 AUF SEITE 86.

Was du brauchst

- 12 Bögen Papier (à 46 x 61 cm)
- Messer
- 2 Wellpappen (à 31 x 46,3 cm)*
- Lineal
- Bleistift
- Schere
- Ahle oder spitzen Nagel
- Nadel mit großem Öhr
- 1,80 m Lederband oder starken Faden
- Markierstifte
- Pappe
- Alufolie
- Klebstoff
- Bücher zum Beschweren
- 2 schmale Bänder (à 40 cm)

*DU KANNST EINEN ALTEN KARTON AUS WELLPAPPE NEHMEN.

Anleitung

1. Falte jeden Papierbogen so zur Hälfte, dass die kurzen Seiten aufeinander liegen. Ziehe mit dem Messergriff die Faltlinien nach (Abbildung 1). Lege die gefalteten Bögen gestapelt beiseite.

2. Schneide zwei 31 x 46,3 cm große Stücke Wellpappe aus.

3. Ziehe auf der langen, linken Seite eines Pappstückes, 3,5 cm vom Rand entfernt, eine dünne Bleistiftlinie (Abbildung 2). Das wird der vordere Buchdeckel. Kerbe die Bleistiftlinie mit der stumpfen Seite des Messers leicht ein.

ABBILDUNG 1

4. Zeichne in der Mitte der 3,5 cm breiten Spalte auf dem vorderen Buchdeckel drei Punkte ein. Ihr Abstand von oben: 7,5 cm, 23 cm und 39 cm vom oberen Rand entfernt (Abbildung 2).

ABBILDUNG 2

5. Lege den Stapel gefalteter Bögen zwischen die Pappdeckel. Die gefalzten Ränder sind auf der linken Seite.

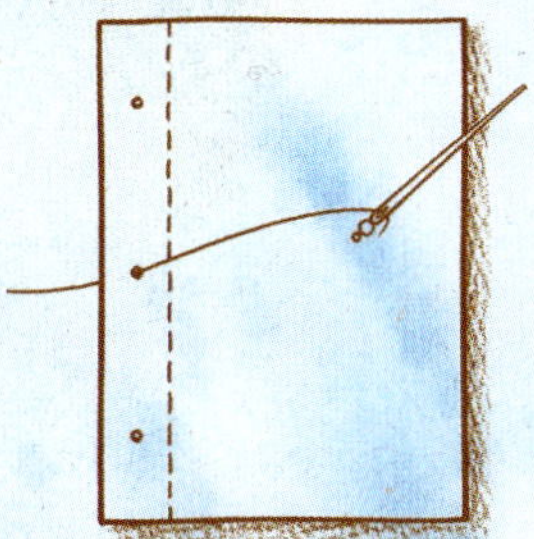

ABBILDUNG 3

6. Bohre mit einer Ahle an den drei eingezeichneten Stellen Löcher durch die Pappdeckel und die Papierbögen. Arbeite langsam und vorsichtig und achte darauf, dass die Bögen nicht verrutschen.

7. Fädle das Band (bzw. den Faden) durch die Öse der Nadel.

8. Stich die Nadel von unten durch das mittlere Loch (Abbildung 3). 15 cm vom Band sollten auf der Rückseite hängen bleiben. Nun wird die Nadel folgendermaßen geführt: zum oberen Loch und durch dieses nach unten (Abbildung 4); über den Buchrücken nach oben und wieder durch dasselbe Loch nach unten (Abbildung 5); zum mittleren Loch und durch dieses von unten nach oben (Abbildung 6); zum unteren Loch und durch dieses von oben nach unten (Abbildung 7), über den Buchrücken wieder nach oben und von dort durch dasselbe Loch nach unten; zum mittleren Loch und durch dieses von unten nach oben; über den Buchrücken zur Buchrückseite. Zuletzt beide Fadenenden fest verknoten.

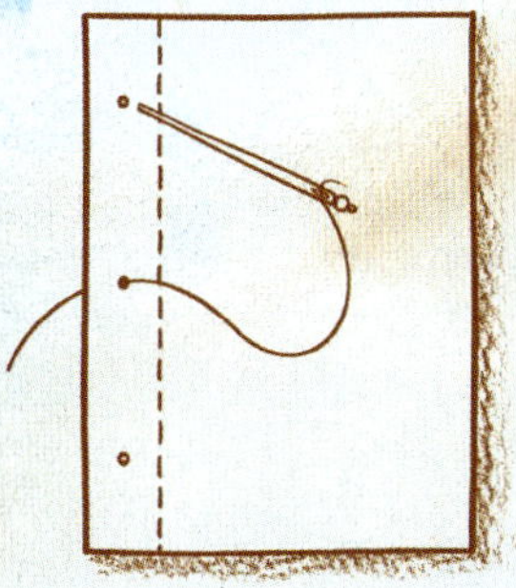

ABBILDUNG 4

9. Verziere die Buchdeckel nach deinen Wünschen. Mit dem Runenalphabet von Seite 84 kannst du deinen Namen schreiben und mit den Markierstiften ein Muster auf die Vorderseite malen. Oder du kannst eine der vielen Vorlagen in diesem Buch fotokopieren, ausschneiden und auf den vorderen Buchdeckel kleben.

ABBILDUNG 5

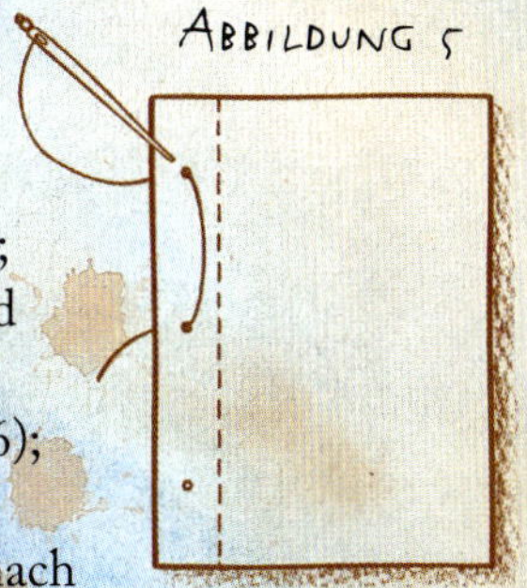

10. Vergrößere auf dem Fotokopierer die Scharniervorlage auf Seite 125. Schneide sie aus und übertrage die Umrisse dreimal auf Pappe. Schneide die Scharniere aus, verkleide sie mit Alufolie und klebe sie an den Löchern auf den vorderen Buchdeckel. Beschwere die Scharniere, bis der Klebstoff getrocknet ist.

11. Bohre in der Mitte des rechten Rands von beiden Buchdeckeln mit einer Ahle ein kleines Loch. Fädle jeweils ein Band durch beide Löcher. Binde die Bänder zusammen, um den Inhalt des Buches vor neugierigen Augen zu schützen.

ABBILDUNG 6

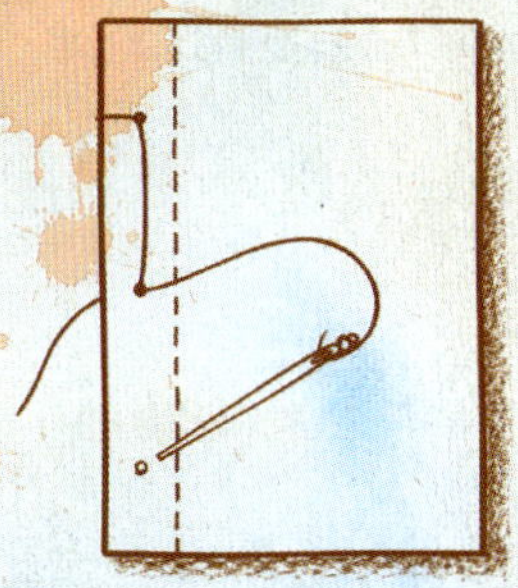

ABBILDUNG 7

Kelten, Druiden und Morrighan

Viele Zauberer und Hexen finden Kelten und Druiden in ihren Stammbäumen, wenn sie weit genug zurückblicken. Obwohl sie schon vor langer Zeit verschwunden sind (sogar lange bevor ich geboren wurde – und ich bin ein alter, sehr alter Mann), hat ihr Ruf, magische Kräfte und Weisheit zu besitzen, die Zeit bis heute überdauert.
In England, Irland, Schottland und Wales ehrten die als Kelten bekannten Stämme ihre weisen Männer und Frauen, ihre Seher und Wissenden, indem sie sie »wicce« nannten, was so viel wie Hexe bedeutet. Weibliche Göttinnen wurden verehrt, insbesondere die Herrschergöttin und Kriegshexe Morrighan (das heißt soviel wie »Große Königin«). Sie ging nur in voller Kriegsmontur auf Reisen. Auf den Schlachtfeldern erschien sie als schwarze Krähe und ihr Schrei war so laut wie der von 10 000 Kriegern.
Auch die Eiche war den Kelten heilig, und ihre Priester und Weisen wurden Druiden bzw. »Menschen der Eiche« genannt. Die Rituale der Druiden wurden in heiligen Hainen und Waldlichtungen vollzogen. Die Mistel war die weihevollste Pflanze der Druiden, und noch heute ist es Brauch, sich an Weihnachten unter dem Mistelzweig zu küssen. Die Pflanze wächst auf Eichen und wurde von Priestern mit goldenen Sicheln geschnitten und beim Herunterfallen mit weißen Tüchern aufgefangen. Es brachte Glück, einen Zweig mit sich herumzutragen.
Die Kelten glaubten an die Zaubermacht des Wortes. Durch höhere, göttliche Eingebung sprudelten aus dem Mund der Druiden und Heiligen magische Verse. Deren Wirkung konnte durch bestimmte Rituale verstärkt werden; etwa, indem sie dabei nur auf einem Fuß standen oder den Vers in einem Atemzug sprachen. Der römische Feldherr Julius Caesar schrieb über die Kelten, und der römische Geschichtsschreiber Tacitus berichtet, wie die Druiden die einfallenden Römer bei der Schlacht von Anglesey im Jahre 55 v. Chr. mit einem Zauberspruch lähmten. Wer weiß, vielleicht erhielten die Kelten auch an diesem Tag ein wenig Hilfe von Morrighan und ihrem Furcht einflößenden Kriegsschrei. Ich glaube das gern.

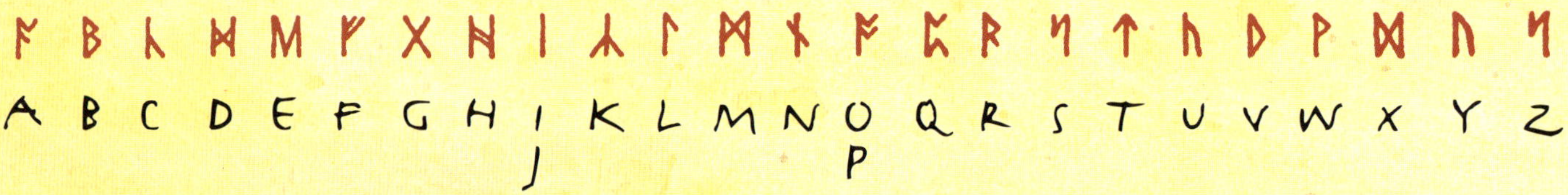

Das Runenalphabet

Das Word Rune bedeutet in den alten nordischen Sprachen »Mysterium« oder »Geheimnis«. Es handelt sich hier um alte Schriftzeichen, die seit dem zweiten Jahrhundert n. Chr. von germanischen Völkern verwendet wurden. Mit diesen Zeichen, in Stein, Metall und Holz geritzt, hielt man wichtige Informationen fest, gedachte der Toten und sagte die Zukunft voraus. Jede Rune stand für einen anderen Laut des Alphabets und symbolisierte eine magische Idee.
Zum Weissagen nahm man drei beliebige, runenförmige Stöcke und warf sie auf ein weißes Tuch. Dann interpretierten Kundige den Fall der Stöcke. Die Wikinger glaubten, dass man, wenn man den Namen einer Rune aussprach oder sie in einen Stein ritzte, die Macht des Gottes oder Naturgeistes herbeirief, der über diese Rune gebot.

DU KANNST DIE MAGISCHE KRAFT DEINES TAGEBUCHS, ZAUBERBESENS ODER AMULETTS STEIGERN, WENN DU DEINEN NAMEN IN RUNEN AUFMALST ODER EINRITZT.

Schwarze Tinte

Schreibkundigen Menschen wurden früher magische Kräfte zugeschrieben. Ich denke oft darüber nach, wenn ich schreibe, und ich stelle gern meine eigene Tinte her, weil ich mir dann vorstellen kann, wie diese Kraft in die Tinte fließt. Wenn du zum ersten Mal mit dieser Tinte schreibst, fühlst du vielleicht ein seltsames Kribbeln in deinem Arm und deiner Hand.

Was du brauchst

- Messbecher
- flüssiges Spülmittel
- kleine Schüssel
- Wasser
- 10 Nägel
- Plastikbehälter
- farblosen Essig
- mittelgroßen Kochtopf
- 4 Teebeutel (schwarzer Tee)
- Glas mit Deckel
- Holzleim
- Holzlöffel

Anleitung

1. Gieße 30 ml Spülmittel in die Schüssel, füge 250 ml Wasser hinzu und mische das Ganze. Weiche die Nägel in dem Seifenwasser 30 Minuten lang ein.

2. Lege die sauberen Nägel in den Plastikbehälter und gieße so viel Essig hinein, bis sie bedeckt sind (mindestens 125 ml). Lass sie 48 Stunden lang in dem Essig liegen.

3. Gib 250 ml Wasser in den Kochtopf und gib die vier Teebeutel dazu. Bring das Ganze zum Kochen und lass den Tee etwa 10 Minuten lang ziehen.

4. Gieße 125 ml des erkalteten Teewassers und 125 ml der Nagel-Lösung in das Glas. Mische ein wenig Leim darunter, bis die Tinte dick genug ist, um damit schreiben zu können. Auf Papier wird die Tinte mit der Zeit schwarz.

Der Fluch der Pharaonen

Im November 1922 entdeckten die britischen Forscher Howard Carter und George Herbert, Earl von Carnarvon, das Grab von König Tutenchamun, das Tausende von Jahren versteckt im Tal der Könige in der Nähe von Luxor in Ägypten gelegen hatte. Neben der Mumie des Pharaos, in einem Sarkophag aus purem Gold, wurden unglaubliche Reichtümer gefunden: Juwelen, Streitwagen und andere Schätze.
Die amerikanische Autorin Marie Corelli schrieb im März 1923 an die New York Times und behauptete, ein altes arabisches Buch zu besitzen, das mit folgenden Worten begann: »Der Tod kommt mit Flügeln zu denen, die das Grab eines Pharaos betreten.« Sie sagte den Tod der Entdecker des Grabes voraus. Einige Tage nur, nachdem der Brief veröffentlicht wurde, starb Carnarvon an einer Lungenentzündung. Das Unglück verfolgte jene Menschen, die mit Fundstücken aus dem Grab zu tun hatten. Ein merkwürdiger Zufall, oder etwas Schaurigeres?

Schriftrolle

Die alten Ägypter und andere alte Kulturen hielten wichtige Ereignisse auf Schriftrollen fest. Der Beschreibstoff, bei den alten Ägyptern Papyrus, konnte mittels zweier Stäbe auf- und abgerollt werden. Das Papier auszurollen und seinen Inhalt zu entdecken hat etwas Magisches.

Was du brauchst

- 2 Holzstäbe (1 cm Durchmesser, 23 cm lang)
- 4 Holzperlen (Durchmesser des Lochs: 1 cm)
- Holzleim
- kleinen Kochtopf
- 1 Tasse Wasser
- 1 Teebeutel (schwarzer Tee)
- 4 Bögen weißes Papier (DIN A4)
- Plastikfolie
- Pinsel
- Bügeleisen (wahlweise)
- 20 cm Band

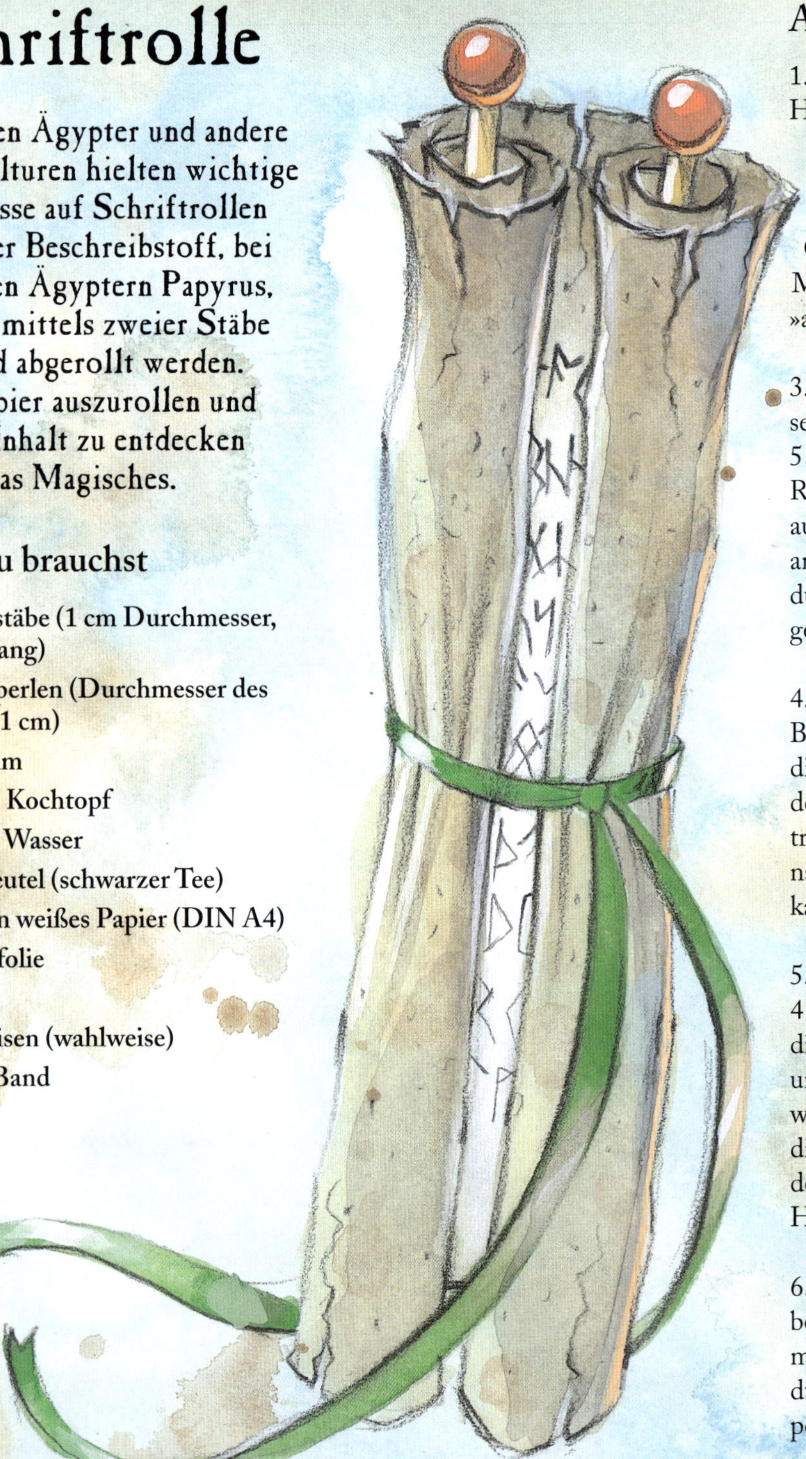

Anleitung

1. Klebe auf jedes Ende der beiden Holzstäbe eine Holzperle.

2. Bringe das Wasser zum Kochen und füge den Teebeutel hinzu. Das Ganze 10 Minuten ziehen lassen. Mit diesem Tee lässt du das Papier »altern«:

3. Streiche ein Blatt Papier an einer seiner schmalen Seiten am Rand 5 mm mit Holzleim ein. Lege den Rand eines zweiten Blatts Papier auf die Klebestelle und drücke es fest an. Wiederhole diesen Schritt, bis du alle vier Blatt Papier zusammengeklebt hast.

4. Lege die zusammengeklebten vier Blätter auf die Plastikfolie. »Male« die Längskanten des Papiers mit dem schwarzen Tee an und lass es trocknen. Wenn sich das Papier nach dem Trocknen zu sehr rollt, kannst du es bügeln.

5. Streiche ein Ende der Papierrolle 4 cm breit mit Holzleim ein. Wickle dieses Ende um einen der Holzstäbe und drücke es fest an. Lass es ein wenig trocknen und befestige auf diese Weise auch das andere Ende des Papierstreifens am zweiten Holzstab.

6. Rolle das Papier auf beiden Stäben gleichmäßig auf. Binde die Rolle mit einem Band zusammen, damit du sie besser aufbewahren und transportieren kannst.

Auf der Suche nach König Arthur, dem Heiligen Gral und den Mysterien von Glastonbury

Lebte König Arthur wirklich? Vor Hunderten von Jahren hat man es mit der Wahrheit nicht immer so genau genommen. Die Geschichtenerzähler verliehen ihren Helden mit der Zeit immer größere magische Kräfte. Aber wir Zauberer wissen, dass viele Mythen im Kern ein Körnchen Wahrheit enthalten, außerdem haben wir den Vorteil, eingeweiht zu sein!

Spät in der Nacht, nach ein paar Krügen Honigwein, wurde mein guter Freund Merlin ein wenig lockerer und erzählte mir Geschichten über seine Zeit mit König Arthur. Bei diesem Thema spielte Merlin immer gern seine Bedeutung in den Vordergrund. Aber er war einer unserer begabtesten Zauberer, da gibt es überhaupt keinen Zweifel.

Der sagenhafte König Arthur soll einst in Britannien heldenhafte Taten vollbracht haben. Merlin ließ Zauberkräfte walten, um Arthurs Eltern, König Uther und Igraine, zusammenzubringen. Arthur wurde auf Tintagel geboren, einer Burg, deren Ruinen heute noch an der wilden Küste Cornwalls in England zu besichtigen sind.

Arthur lebte im 5. Jahrhundert n. Chr., einem dunklen Zeitalter für Britannien. Räuber aus Sachsen, die für frühere Könige als Söldner nach England gekommen waren, beanspruchten jetzt Land für sich und plünderten jedes Dorf auf ihrem Weg. Die Siedlungen wurden immer leerer, weil die Menschen sich im umliegenden Hügelland versteckten. In zwölf berühmten Schlachten, darunter die Schlacht von Mount Badon, in der König Arthur allein 960 Männer tötete, bezwang er die Aufständischen und Störenfriede und brachte dem Land Frieden. Arthur und seine Gattin Guanhamara regierten von Camelot aus. Das könnte das einstige Cadbury Castle in Somerset (England) gewesen sein. Archäologen haben dieselbe Art kostbaren Steinguts, das vermutlich einem ranghohen Menschen gehörte, sowohl in Cadbury als auch in Tintagel gefunden.

Arthurs Name selbst gibt einen Hinweis auf seine Existenz. Arthur ist die walisische Form des römischen Namens Artorius. Im 5. Jahrhundert gab man in Britannien seinen Kindern immer noch römische Namen. Im 6. Jahrhundert tauchten in der Geschichtsschreibung plötzlich mehrere Männer mit dem Namen Arthur auf. Wie du weißt, benannten viele Menschen ihre Kinder nach großen Helden.

Arthur versammelte eine Schar von Rittern um sich, die so manchen Dichter zu Geschichten über die Ritter der Tafelrunde und ihre Suche nach dem Heiligen Gral inspirierte – jenem geheimnisvollen Becher, der beim Letzten Abendmahl benutzt wurde. Arthur führte seine Armee im Kampf gegen die Gallier in Frankreich und verschwand von der Bildfläche. Der Legende nach kehrte er zurück, um gegen seinen verräterischen Neffen Mordred zu kämpfen. Arthur wurde schwer verwundet zur Feeninsel Avalon gebracht, wo er schlafend in einer geheimen Höhle liegt. Eines Tages wird er erwachen und Britannien in ein neues, goldenes Zeitalter führen.

Die geheimnisvolle englische Stadt Glastonbury war vielleicht tatsächlich der Ort Avalon. Glastonbury war für die Druiden eine heilige Stätte und besitzt außerdem die älteste christliche Gemeinde auf den Britischen Inseln. Der Ort wird von einer terrassenförmigen, vulkanischen Gesteinsformation überragt, die 159 m hoch ist und auf deren Spitze die Ruinen einer Kirche liegen. Die Kelten glaubten, dies sei die Heimat des Königs der Feen. Nach einer Legende besuchte Joseph von Arimathäa, der entweder ein Jünger oder ein Verwandter von Jesus war, Glastonbury. Er schlug seinen Wanderstab in die Erde, aus dem der Glastonbury-Dorn wuchs, den es heute noch gibt und der nur an Weihnachten blüht. Die Legende sagt auch, der Gral liege verborgen auf dem Grund von Chalice Well, einer radioaktiven, natürlichen Quelle, der heilende Kräfte nachgesagt werden.

Im Jahre 1191 verkündeten die Mönche des Klosters von Glastonbury, sie hätten Arthurs Grab gefunden. Ein Gedicht führte sie zu einer Steinplatte mit der lateinischen Inschrift: »HIC JACET SEPULTUS INCLYTUS REX ARTURIUS IN INSULA AVALONIA« oder »Hier liegt der berühmte König Arthur auf der Insel Avalon begraben«. In dem Sarg darunter wurden die Knochen eines großen Mannes gefunden, der, so schien es, durch einen Hieb auf den Schädel getötet worden war, zusammen mit kleineren, möglicherweise weiblichen Knochen. Die Mönche begruben die Überreste wieder. 1278 öffnete König Edward I. Longshanks das Grab und fand, wie ein Augenzeuge berichtete, zwei bemalte Schatullen, eine davon mit großen Knochen. Die Überbleibsel verschwanden 1539, als König Heinrich VIII. die Klöster plünderte.

Waren das wirklich Arthurs Knochen, oder schläft er in Avalon und wartet auf unseren Ruf?

Federkiel

Früher waren Federn nicht selten Gegenstand geheimnisvoller Zeremonien. Bei den alten Griechen spielten die Farbe, die Vogelart und der Fundort einer Feder bei der Deutung der Zukunft eine Rolle. In Europa wurden Vogelfedern viele Jahrhunderte lang als Schreibwerkzeug benutzt (so kommt das englische Wort »pen« für »Stift« von dem lateinischen »penna«, was »Feder« bedeutet). Mit diesem Federkiel kannst du magische Rezepturen und Zaubersprüche aufschreiben und wichtige Botschaften an andere Zauberer und Hexen schicken.

Was du brauchst

- große Flugfeder mit stabilem Federkiel (das ist der hohle, stammähnliche Schaft der Feder)
- Schneidebrett
- kleines, scharfes Messer
- schwarze Tinte (siehe Seite 85)

Anleitung

Am besten eignen sich die Flugfedern von Schwänen und Gänsen. Diese Vögel verlieren jeden Sommer Federn. Vielleicht findest du an einem See in eurer Nähe eine Schwanenfeder. Flugfedern haben eine schmale und eine breite Fahne, während andere Federn auf beiden Seiten ungefähr gleich groß sind. Nimm die Feder in die Hand, als wolltest du mit ihr schreiben, und prüfe, wie sie sich anfühlt. Sie sollte leicht gebogen sein.

ABBILDUNG 1

1. Entferne die Fahne vom unteren Ende der Feder.

ABBILDUNG 2

2. Lege die Feder auf das Schneidebrett, die Spitze des Federkiels zeigt von dir weg. Schneide die Spitze mit dem Messer in einem 45-Grad-Winkel ab (Abbildung 1).

3. Schneide einen Schlitz in eine Längsseite des Federkiels (Abbildung 2).

4. Dreh die Feder um und schneide ein Stück von der Seite gegenüber dem Schlitz ab (Abbildung 3).

ABBILDUNG 3

5. Forme jetzt auf beiden Seiten des Schlitzes die »Schultern« der Federspitze (Abbildung 4).

ABBILDUNG 4

6. Schabe vorsichtig die Rückseite der Spitze ab, damit sie glatt und flach wird.

ABBILDUNG 5

7. Schneide in einem flachen Winkel ein kleines Stück von der Spitze ab (Abbildung 5). Schneide immer vom Körper weg, nicht zum Körper hin, damit du dich nicht verletzt!

8. Tauche die Spitze in die Tinte und fange an zu schreiben!

Unsichtbare Tinten

Unsichtbare Tinte eignet sich hervorragend zum Verschicken geheimer Nachrichten. Sie kommt erst zum Vorschein, wenn man sie auf eine bestimmte Weise behandelt.

ERSTE REZEPTUR

- **Zitronensaft**
- **Schreibfeder**
- **Bügeleisen**

Anleitung

1. Schreibe mit Feder und Zitronensaft als Tinte etwas aufs Papier. Lass den Saft trocknen.

2. Zum Lesen der Nachricht musst du das Papier bügeln (auf mittlerer Schaltstufe). Nach kurzer Zeit wird die Nachricht lesbar.

ZWEITE REZEPTUR

- **1 Teelöffel Maismehl**
- **120 ml Wasser**
- **kleinen Kochtopf**
- **Holzlöffel**
- **Jod**
- **Schwamm**

Anleitung

1. Mische das Maismehl mit 60 ml Wasser in dem Kochtopf.

2. Koche das Ganze zwei Minuten lang, rühre ein paar Mal um.

3. Lass die Mischung kalt werden und schreibe mit ihr (mithilfe einer Feder) eine Nachricht auf Papier.

4. Der Empfänger befeuchtet das Papier mit einem Schwamm, der mit einer Lösung aus 10 Tropfen Jod auf 60 ml Wasser getränkt wurde. Die Schrift erscheint in dunklem Blau und das Papier in einem helleren Blau.

DRITTE REZEPTUR

- **Waschpulver mit Bleichmittel**
- **etwas Wasser**
- **Pinsel mit feiner Spitze**
- **dunkles Papier**
- **UV-Licht**

Anleitung

Die meisten Waschpulver für Weißwäsche enthalten ein Bleichmittel, wodurch das Weiß besonders weiß und strahlend wirkt.

1. Mische einen Teelöffel Waschpulver mit einem halben Teelöffel Wasser. Bei zu viel Wasser ist die Wirkung zu schwach, bei zu wenig entsteht eine dicke Paste, die man auf dem Papier sieht.

2. Schreibe deine Nachricht mit einem sauberen Pinsel auf dunkles Papier. Schalte das Schwarzlicht ein. Deine Nachricht erscheint auf dem Papier. Das funktioniert nicht mit weißem Papier und einer gewöhnlichen elektrischen Birne.

Buchsafe

Verwahre deine Zaubermünzen, deine Festtagsjuwelen oder andere Wertgegenstände in diesem ausgefuchsten Buchsafe, wo sie vor neugierigen Augen und klebrigen Fingern sicher sind. Es wird den hinterhältigsten Räuber (oder deine kleine Schwester) an der Nase herumführen. Suche ein altes Buch aus, das keiner in eurer Familie mehr lesen möchte und das gut zu den anderen in deinem Bücherregal passt.

Was du brauchst

- altes Buch mit festem Einband (z. B. aus einem Antiquariat oder vom Flohmarkt)
- Lineal mit Metallrand
- Bleistift
- Stück Pappe (ungefähr in der Größe deines Buches)
- Schnitzmesser
- Papierkleber
- weißes Blatt Papier
- schweres Gewicht
- Holzleim
- kleinen Pinsel

Anleitung

1. Miss die Breite und Höhe einer Seite deines Buches aus. Übertrage diese Maße auf die Pappe (Abbildung 1).

2. Schneide das Rechteck mit dem Schnitzmesser aus. Halte deine Finger von der scharfen Klinge fern und schneide immer in entgegengesetzter Richtung zum Körper. Bitte einen Erwachsenen um Hilfe.

3. Zeichne in die Mitte der Pappe ein Rechteck oder ein Quadrat. Die Größe überlasse ich dir, aber achte darauf, dass auf allen Seiten ein mindestens 3,5 cm breiter Rand bleibt.

4. Schneide das Rechteck mit dem Schnitzmesser aus der Pappe heraus (Abbildung 2). Das ausgeschnittene Rechteck dient in Schritt 6 als Schablone.

5. Zähle die ersten 20 Seiten im Buch ab. Sie bleiben unausgeschnitten und verdecken das Loch.

6. Lege die Schablone auf eine rechte Seite. Zeichne den Umriss nach (Abbildung 3). Schneide dann entlang des Lineals mit dem Messer das Rechteck aus. Durchtrenne mehrere Seiten mit einem Mal. Schneide auf diese Weise alle Seiten zurecht.

Abbildung 3

Abbildung 4

Abbildung 1

Abbildung 2

7. Bestreiche die letzte Seite mit Klebstoff. Presse sie auf die Innenseite des hinteren Buchdeckels, indem du das Buch schließt.

8. Verklebe auf diese Weise jede fünfte Seite (nur die mit dem Loch, nicht die 20 Deckblätter) mit ihrer benachbarten Seite.

9. Lege ein weißes Blatt Papier zwischen die ganzen und die ausgeschnittenen Seiten. Schließe das Buch und lasse es, mit einem Gewicht beschwert, über Nacht trocknen (Abbildung 4).

10. Öffne das Buch an der Stelle, wo die Seiten mit dem ausgeschnittenen Rechteck beginnen.

11. Presse mit der einen Hand die ausgeschnittenen Seiten zu einem Block zusammen und bestreiche alle drei äußeren Kanten dieses Blocks dick mit Holzleim. Bestreiche auch die vier Seiten des Hohlraums mit einer Schicht Leim. Lege ein weißes Blatt Papier zwischen die ausgeschnittenen und die ungeschnittenen Seiten. Schließe das Buch, beschwere es und lass es trocknen.

12. Verstecke deine Wertgegenstände im Hohlraum des Buches und stelle es ins Regal.

5 Kapitel

Astrologie und Alchimie

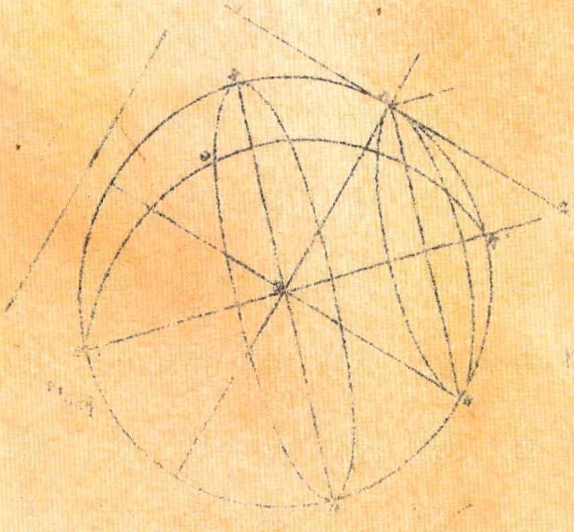

Viele Menschen sind davon überzeugt, dass die Stellungen und Beziehungen der Sonne, des Mondes, der Sterne und der Planeten zueinander Einfluss auf unser Leben haben und unseren Charakter bestimmen. Zwölf der bekanntesten Konstellationen (Sternbilder) bilden den Tierkreis. Astrologen glauben, dass die Persönlichkeit eines Menschen durch die Tierkreiszone bestimmt ist, in der die Sonne zur Zeit seiner Geburt stand. Welches ist dein Tierkreiszeichen (man sagt auch Sternzeichen dazu)? Treffen die Beschreibungen, die du auf den Seiten 95 bis 97 nachlesen kannst, auf dich und deine Freunde zu? (Ich habe mehr als eine Person kennen gelernt, die nur das Schmeichelhafte geglaubt hat und den Rest nicht hören wollte!)

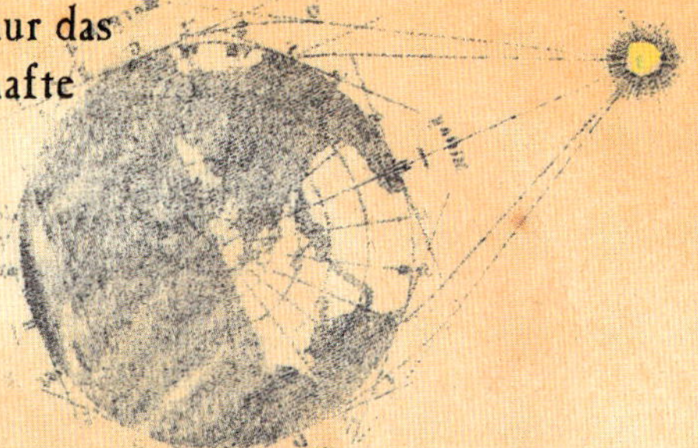

MANCHMAL BETRACHTE ICH DEN HIMMEL UND FRAGE MICH,

OB ES DA DRAUSSEN WOHL NOCH ANDERE
ZAUBERER WIE MICH GIBT.

Sternbilder-Projektor

Ein gebildeter Zauberer sollte in der Lage sein, die Sternbilder am Nachthimmel zu erkennen. Mit diesen Deckblättern für deine Taschenlampe kannst du auf die Wände eines abgedunkelten Zimmers alle zwölf Sternbilder der Tierkreiszeichen und das Sternbild des Drachen projizieren und dir auf diese Weise ihre Form besser einprägen.

Was du brauchst

- Taschenlampe
- festes, schwarzes Papier
- Bleistift
- Lineal
- Zirkel
- Schere
- Nadel
- Gummiband

Anleitung

1. Stelle deine Taschenlampe mit dem Glas nach unten auf das schwarze Papier und zeichne den Umriss des Glases mit dem Bleistift nach. Zeichne dann mit dem Zirkel um den gerade gezeichneten Kreis einen zweiten Kreis, der 1,5 cm größer ist. Du brauchst insgesamt 13 solcher Kreise.

2. Schneide die größeren Kreise mit der Schere aus. Dann wird jeder Kreis von der Außenseite bis zum Rand des inneren Kreises in Abständen von etwa 1 cm eingeschnitten. Die so entstandenen Laschen knickst du nach unten um (siehe Abbildung).

3. Verwende die Sternbilder-Vorlagen (Seite 127–128) als Schablone, um mit der Nadel Löcher in die Kreise zu stechen.

4. Lege einen Kreis auf die Taschenlampe und halte die Laschen mit einem Gummiband fest.

5. Wenn du die Taschenlampe draußen benutzt, richte sie gegen eine Hauswand oder Mauer. Dann kannst du das Sternbild auf der Wand mit den Sternen am Himmel vergleichen. In einem abgedunkelten Zimmer kannst du das Bild an die Decke projizieren.

Welches ist dein Sternzeichen?

Als unsere Vorfahren die kreisförmige Bahn (Ekliptik) der Planeten studierten, stellten sie fest, dass es auch unbewegliche oder fixe Sterne im Hintergrund gibt. Sie benutzten diese Fixsterne, um die Stellung der Planeten zu bestimmen. Sie unterteilten die ekliptische Bahn in zwölf gleich große Ausschnitte. Jeder Ausschnitt wurde nach der Gruppe von Fixsternen benannt, die hier zu sehen ist. Da die Form der einzelnen Sternengruppen bestimmten Figuren (meist Tiere) ähnelt, bezeichnete man sie entsprechend, zum Beispiel »Löwe« oder »Krebs«. Einige Menschen glauben, dass die Sonne und die Planeten (ausführliche Horoskope berücksichtigen nicht nur die Sonne, sondern auch die anderen Planeten unseres Sonnensystems) und ihre Stellung am Tag deiner Geburt einen Einfluss darauf haben, wie du aussiehst und was du tust, was du magst und was du nicht magst, sogar welcher Beruf dir liegen würde. Lies die folgende Beschreibung deines Sternzeichens durch und überlege, ob sie auf dich zutrifft. Dann überprüfe das Tierkreiszeichen deines besten Freundes. Passt ihr zwei gut zusammen? In der Liste findest du außerdem die Farben, Planeten, Steine, Zahlen, Wochentage, Blumen, Bäume, Tiere, Vögel und Metalle, die zu jedem Zeichen gehören und Glück bringen sollen. Ist heute dein Glückstag?

Widder
21. März bis 20. April

Widder sind freundliche, aber sehr bestimmte und furchtlose Menschen, die gern die Führung übernehmen. Sie teilen großzügig ihren Besitz mit Freunden, haben aber ein aufbrausendes Temperament (was zum Glück nicht lange anhält). Widder haben häufig breite Schultern, einen schnellen Gang und sind anfällig für Unfälle. In der Regel lesen sie sehr gern, sind aber bei den Hausaufgaben ein wenig faul. Sie sind häufig Forscher und Pioniere in ihrem Bereich. Widder passen am besten zu Löwen und Schützen. *Rot, Mars, Rubin, 7, Dienstag, Wildrose, Stechpalme, Widder (oder Tiger oder Leopard), Elster, Eisen.*

Stier
21. April bis 21. Mai

Stiere haben häufig einen starken Körper. Sie sind ruhig und freundlich, manchmal aber sehr eigensinnig, wenn sie ihren Willen durchsetzen wollen. Sie sind fair, haben mehr gesunden Menschenverstand als viele andere und ein gutes Urteilsvermögen. Sie sind sportlich, musikalisch und gut in der Schule, weil sie konsequent ein Ziel verfolgen. Pastellfarben und sanfte Musik lassen sie gelassen werden. Der Stier passt gut zur Jungfrau und zum Steinbock. *Blau, Venus, Saphir, 6, Freitag, Maiglöckchen, Apfelbaum, Stier, Taube, Kupfer.*

Zwillinge
22. Mai bis 21. Juni

Zwillinge sind die schwer fassbaren Gestalten des Tierkreises, die scheinbar an zwei Orten gleichzeitig sein können. Sie haben gewöhnlich empfindsame, ausdrucksstarke Hände.

Sie machen viel Lärm, haben unbegrenzte Energie und kommen häufig zu spät. Sie sind freundlich, erfinderisch, clever, haben eine lebhafte Fantasie und lesen und unterhalten sich gern. Sie lernen leicht Fremdsprachen, dürfen aber nicht ungeduldig sein und bei schwierigen Aufgaben zu schnell aufgeben. Zwillinge passen am besten zu Wassermännern und Waagen. *Weiß, Silber, Merkur, Diamant, 5, Mittwoch, Löwenmäulchen, Holunder, Hund, Papagei, Quecksilber.*

Krebs
22. Juni bis 23. Juli

Krebse sind gefühlsbetonte, sehr empfindsame Menschen und freundlich und geduldig mit anderen. Sie fühlen sich manchmal einsam, haben eine sehr lebhafte Phantasie und sind häufig künstlerisch und schöpferisch tätig. Sie können andere imitieren und lieben gute Witze. Krebse

sind gut im Geldverdienen und im Sparen. In der Schule ist Geschichte oft eines ihrer besten Fächer. Krebse passen gut zu Fischen und Skorpionen. *Smaragdgrün, Mond, Smaragd, 2, Montag, Mohnblume, Weide, Otter oder Seehund, Seemöwe oder Eule, Silber.*

Löwe
24. Juli bis 23. August
Die würdevollen, mutigen Löwen sind Führernaturen und nach außen gerichtet. Sie sorgen für eine Menge Spaß, solange alles nach ihrem Willen geht! Manchmal sind Löwen ein wenig angeberisch, ansonsten aber großzügig und warmherzig. Sie zeigen anderen gern, wie etwas funktioniert. Mit einer gehörigen Portion Charme versuchen sie zu bekommen, was sie wollen. Sie haben in der Regel vor allen anderen eine Liebesbeziehung. Der Löwe passt sehr gut zum Widder und zum Schützen. *Gold, Sonne, Bernstein und Topas, 4, Sonntag, Ringelblume oder Sonnenblume, Palme oder Lorbeer, Löwe, Adler, Gold.*

Jungfrau
24. August bis 23. September
Jungfrauen sind zuverlässig, aufrichtig und in der Lage, eine lange Zeit hart zu arbeiten, deshalb sind sie oft die Lieblinge des Lehrers. Sie schätzen elegante Dinge und haben schöne, intelligente Augen. Einige Jungfrauen sind Perfektionisten. Ihre angeborene Kritikfähigkeit lässt sie in der Wissenschaft erfolgreich sein. Jungrauen lesen gern, erinnern sich an fast alles und haben häufig verborgene schauspielerische Talente. Sie sind wählerisch beim Essen und schätzen ihre Privatsphäre. Die Jungfrau passt gut zum Stier und zum Steinbock. *Blasses Gold und Gelb, Merkur, Jade, 10, Mittwoch, Baldrian, Haselnussstrauch, Eichhörnchen, Papagei oder Elster, Platin.*

Waage
24. September bis 23. Oktober
Waagen haben extragroße Herzen. Sie hassen es, Entscheidungen zu treffen oder Urteile über Menschen zu fällen, weil sie fürchten, sie könnten einen Fehler machen oder jemanden verletzen. Sie können gut diskutieren und werden häufig Wissenschaftler. Mit ihrem angeborenen Charme setzen sie leicht ihren Willen durch. Sie haben häufig ein Grübchen am Kinn, lieben die Farbe Blau und mögen keine brutalen Filme. Ihre Zimmer sind in der Regel aufgeräumt und sauber. Sie haben viele Freundinnen und Freunde. Die Waage passt sehr gut zum Wassermann und zu Zwillinge. *Blau und Violett, Venus, Opal, 8, Freitag, Veilchen, Mandelbaum, Hase, Taube, Kupfer.*

Skorpion
24. Oktober bis 22. November
Der Skorpion besitzt einen kräftigen Körper, durchdringende Augen und eine selbstsichere, attraktive Art, sodass andere sich angezogen fühlen und ihm treu ergeben sind. Andererseits vertreibt er sie nicht selten, wenn er seine Wutanfälle nicht unter Kontrolle hält. Kommt ihm jemand quer, ruht er nicht, bis er sich gerächt hat. Er ist gut im Aufdecken von Geheimnissen und im Wiederfinden verlorener Gegenstände. Er fühlt sich häufig vom Geheimnisvollen und Verbotenen angezogen und passt am besten zu Fischen und Krebsen. *Rot, Mars, Rubin, 9, Dienstag, Heidekraut und Chrysantheme, Stechpalme, Wolf und Panther, Adler und Geier, Eisen.*

Schütze
23. November bis 21. Dezember
Schützen haben häufig freundliche Gesichter mit hoher breiter Stirn. Sie sind realistisch, rastlos, neugierig und gern mit Menschen zusammen.

Sie finden es schwierig, taktvoll zu sein und zu lügen. Sie gehen gern zur Schule. Wenn sie nicht aufpassen, rinnt ihnen das Geld durch die Finger. Viele haben eine spirituelle Veranlagung und engagieren sich im kirchlichen oder karitativen Bereich. Schützen passen am besten zu Widdern und Löwen. *Orange, Jupiter, Saphir, 4, Donnerstag, Nelke, Maulbeerbaum, Pferd, Adler, Zinn.*

Steinbock
22. Dezember bis 20. Januar

Die frühreifen Steinböcke schätzen die Weisheit der Älteren und respektieren Autoritäten. Sie streben nach Erfolg und erreichen ihn in der Regel nach stetigem, entschlossenem Aufstieg. Junge Steinböcke verbringen ihre Zeit gern zu Hause, räumen immer ihr Spielzeug auf und machen freiwillig ihre Hausaufgaben. Als Teil einer großen Gruppe fühlen sie sich nicht besonders wohl, deshalb haben sie eher ein paar besondere Freunde. Steinböcke sind häufig schüchtern im Umgang mit dem anderen Geschlecht. Ein Steinbock passt am besten zu einem Stier und einer Jungfrau. *Schwarz, Saturn, Onyx, 3, Samstag, Nachtschatten und Weinraute, Pinie und Zypresse, Hund und Elefant, Eule, Blei.*

Wassermann
21. Januar bis 19. Februar

Der Wassermann ist eines der verträumtesten Zeichen des Tierkreises, denn er hat den Kopf oft in den Wolken und träumt von der Zukunft. Er ist häufig größer als der Durchschnitt und hat glattes, seidiges Haar. Er ist sehr neugierig auf andere Menschen und hat viele Freunde. Wassermänner sind schnelle Denker und besitzen eine großartige Intuition in Bezug auf Menschen, haben aber manchmal ein schlechtes Gedächtnis für praktische Dinge wie Daten und Zeiten. Sie lieben die Natur, genießen ihre Freiheit und lehnen sich schnell gegen Regeln auf. Wassermänner werden häufig Wissenschaftler oder Musiker. Sie passen am besten zu Zwillingen und Waagen. *Stahlblau und Grün, Saturn und Uranus, Granat, 2, Samstag, Schneeglöckchen und Fingerhut, Pinie, Hund, Kuckuck, Platin.*

Fische
20. Februar bis 20. März

Fische tragen die besten Eigenschaften der anderen zwölf Sternzeichen in sich, haben aber auch eigene Qualitäten. Sie sind schöpferisch, künstlerisch und unpraktisch veranlagt, lieben Bücher und Gedichte und kümmern sich nicht um Geld. Sie leben oft in einer Fantasiewelt und interessieren sich für Astrologie und Magie. Fische haben oft Hände und Füße, die entweder klein und zierlich oder aber riesig sind. Sie mögen keine Routine und sind häufig in der Nacht aktiv, wenn andere schlafen. Tiere und Kinder vertrauen den mitfühlenden Fischen. Sie passen am besten zu Krebsen und Skorpionen. *Purpur, Jupiter und Neptun, 6, Donnerstag, Heliotrop und Nelke, Weide und Ulme, Schaf und Ochse, Schwan und Storch, Zinn.*

Kreaturen der Nacht!

Werwölfe, Geisterhunde und Vampirfledermäuse

Ich werde dir jetzt einige rätselhafte Geschichten erzählen. Ich möchte, dass du vor allem Bösen auf der Hut bist, ob es nun von außen oder aus dem Inneren des menschlichen Herzens kommt. Und: Glaube nicht alles, was du hörst. Offen gesagt, ich habe da schon einige wirklich dumme Geschichten auf meinen zahlreichen Reisen gehört! Urteile selbst. Seit Urzeiten haben die Menschen Angst vor der Dunkelheit. Wenn die Nacht hereinbricht, rücken sie instinktiv um das schwache Licht des Lagerfeuers oder der Kerze näher zusammen.

Lauern vor der Tür vielleicht Werwölfe, Geisterhunde oder Vampirfledermäuse? Dem Volksglauben nach ist ein Werwolf ein Mensch in Wolfsgestalt, der Unheil anrichtet. Die alten Griechen glaubten, dass fähige Hexenmeister sich in einen Werwolf verwandeln konnten, wenn sie einen magischen Gürtel trugen, bestimmte Zaubertränke zu sich nahmen und das Wasser aus dem Abdruck einer Wolfspfote tranken. Doch das gehört zur schwarzen Magie, die von guten Zauberern nicht praktiziert wird.

Es gibt viele Geschichten über Menschen, die von einem Werwolf gebissen wurden und damit verdammt waren, sich immer bei Vollmond in einen Wolf zu verwandeln. In manchen Dörfern entdeckten die Bewohner Werwölfe in ihrer Mitte und ihren Häusern, die auf geheimnisvolle Weise immer Fleisch zu fressen hatten.

Wie soll man sich gegen diese Monster schützen? Diejenigen, die an so etwas glauben, sagen, dass silberne Knöpfe oder Kugeln einen Werwolf stoppen können. Wenn du ein Stück Eisen oder Stahl auf die Bestie wirfst, erscheint sofort sein menschliches Ich, es bricht aus dem Fell hervor. Denk daran, dass Menschen, die unter einem Zauberbann stehen, zu bedauern sind. Zeige Mitgefühl, aber sei vorsichtig!

Vor langer Zeit glaubte man in Britannien, Unglück und Tod folge der Erscheinung eines riesigen Geisterhundes. Auf dem Land im englischen East Anglia fürchteten Reisende bei Nacht auf Black Shuck zu treffen, einen übernatürlichen Hund, der so groß war wie ein Kalb, mit glühenden roten Augen und eiskaltem Atem. Ohne Spuren zu hinterlassen, suchten Phantomhunde Friedhöfe und Kirchgärten heim und manchmal versuchten sie sogar, die Türen von Häusern aufzubrechen.

Als mein Freund, der große Detektiv Sherlock Holmes, den Fall des Hundes von Baskerville untersuchte, glaubten die erschrockenen Dorfbewohner zuerst, die Bestie wäre ein Höllenhund! Hunde haben einen besonderen Spürsinn: Wie oft haben sie schon ganz klar Dinge gespürt, die für andere unsichtbar waren? Könnten sie nicht einen Geist gesehen haben?

Auch die Fledermaus ist ein Tier der Nacht, vor dem sich viele Menschen fürchten. Zigeuner glauben, dass sie eine gütige Kreatur ist, und tragen Fledermausknochen in einem kleinen Beutel als Glücksbringer mit sich. Ja, Vampirfledermäuse *(Desmodus rotundus)* gibt es wirklich, sie leben in den amerikanischen Tropen und Subtropen. Aber sie greifen keine Menschen an. Ihre Körper sind so groß wie der Daumen eines Erwachsenen und ihre Flügelspannbreite misst 20 cm. Sie ritzen winzige Risse in die Haut von schlafenden Tieren und trinken etwa zwei Teelöffel Blut am Tag. Ihr Speichel enthält einen nützlichen Bestandteil, mit dem sich Blutgerinnsel auflösen lassen. Wir Zauberer wissen, dass alle Dinge auf der Welt einen Zweck haben, und es liegt an uns, herauszufinden, welches Geschenk sie uns zu geben haben.

Große Alchimisten
und ihre Suche nach dem Stein der Weisen

Geld oder Leben!« Diesen Ausruf habe ich in einem Gangsterfilm gehört, und meiner Erfahrung nach wollen viele Menschen, ob sie nun arm oder reich sind, mehr Geld und mehr Lebenszeit.
Vor Jahrhunderten suchten Alchimisten nach Wegen, Gold herzustellen, und nach einem Mittel, das ewiges Leben bescheren sollte. Einige von ihnen endeten im Gefängnis, eingekerkert von gierigen Königen, die hinter ihr Geheimnis kommen wollten. Leider haben sich einige bei missglückten Experimenten selbst in die Luft gejagt. Aber es gab auch wenige, die sehr reich geworden sind und die noch Jahrhunderte, nachdem sie angeblich gestorben waren, gesehen wurden. Mein lieber Leser, hast du dich nie gefragt, wie ich selbst mehr als sechshundert Jahre alt werden konnte?
Die Alchimisten waren unsere ersten Chemiker. Die Ägypter studierten die Metalle, vor allem Gold. Das Wort Alchimie kommt vielleicht von al-khem, der arabischen Übersetzung ägyptischer Hieroglyphen für »Ägypten« und »schwarze Erde«. Alchimistisches Gedankengut verbreitete sich in ganz Europa. Es genoss im Mittelalter und während der Renaissance großes Ansehen. Alchimisten schrieben absichtlich in schwer verständlicher Sprache. So kommt das englische Wort für Kauderwelsch (gibberish) von Jabir ibn Hayyan, einem Alchimisten, dessen Schriften unmöglich zu verstehen waren!

Ein modernes Labor gleicht in manchem dem Arbeitsplatz eines Alchimisten: Brenner, Bechergläser und Glasphiolen, die das Kondensat der Flüssigkeiten auffangen. Unter anderem brauchten Alchimisten für ihre Arbeit Sandbäder, Eisenspäne, Meerwasser, Tau und Dung. Sie glaubten, dass das Endprodukt ihrer Arbeit der Stein der Weisen wäre, eine magische Substanz, die jede Materie vollkommen machen und jedes Metall in Gold verwandeln würde. Der Stein würde Krankheiten heilen und ewiges Leben schenken, er symbolisierte die Perfektion der Seele.
König Edward III. warb den Alchimisten und Mystiker Raymond Lully an, um Gold herzustellen. Als Lully erfuhr, dass das Gold nicht für spirituelle Zwecke bestimmt war, weigerte er sich weiterzumachen und wurde eingesperrt.
König James VI. von Schottland stellte ebenfalls einen Alchimisten zur Herstellung von Gold ein, aber das Experiment schlug fehl; der unglückselige Alchimist stürzte und brach sich ein Bein, als er versuchte, mit selbst gemachten Flügeln von den Zinnen der Burg herabzufliegen.
Der Legende nach war der größte alchimistische Meister Hermes Trismegistus, ein ägyptischer König, der 3226 Jahre (!) lang regierte. Als einer der großen Begründer der magischen Künste wurde er nach Hermes benannt, dem Gott der Alchimie. Trismegistus bedeutet »dreimal groß«. Alexander der Große fand angeblich, als er in Ägypten einmarschierte, in den großen Pyramiden von Gizeh eine Smaragdtafel in den Händen von Hermes' Mumie. Auf der Tafel sollen die magischen Geheimnisse des Universums gestanden haben, und viele Alchimisten besitzen eine Kopie davon.
Im dritten Jahrhundert v. Chr. schrieb Maria Prophetissa ausführlich über die Smaragdtafel. Als begabte Alchimistin erfand sie außerdem mehrere nützliche Gefäße zur Destillierung chemischer Substanzen, darunter auch ein Becherglas mit einem langen, gebogenen Hals, das auch Retorte genannt wird, und das Wasserbad, das ihr zu Ehren in Frankreich »bain-marie« heißt.
Mitte des 14. Jahrhunderts war Nicholas Flamel der berühmteste Alchimist. Er stellte aus dem Stein der Weisen ein Elixier her, wurde unsagbar reich und spendete sein Vermögen den Armen. Klugerweise floh er aus Frankreich, nachdem König Karl VI. ihn wegen seines plötzlichen Reichtums befragt hatte. 1761 behauptete ein Dutzend Menschen, sie hätten den 400 Jahre alten Alchimisten und seine Frau in der Pariser Oper gesehen, und bis zum heutigen Tag ist er immer wieder überall auf der Welt gesehen worden.
Philipp Aureolus Theophrast Bombast von Hohenheim (1493–1541) gab sich selbst den Namen Paracelsus und wurde der größte Alchimist und Arzt seiner Zeit. Als ausgebildeter Mediziner studierte er die Alchimie in Arabien und Ägypten. Seiner Meinung nach sollten Ärzte die Selbstheilungskräfte ihrer Patienten fördern. Deshalb war er bei den anderen Ärzten so unbeliebt, dass er die Stadt verlassen musste! Nach seinem Tod wurde er an vielen Orten gesehen, und die Legende sagt, er habe sich mit dem Stein der Weisen unsterblich gemacht.

Kapitel 6

Die Kunst des Feierns

In diesem Kapitel weihe ich dich in die Geheimnisse einer gelungenen Zauberparty ein. In meinem »Geister-Kochbuch« findest du alles, was Zauberlehrlingen schmeckt – von Kristallzuckerstangen bis zu knusprigen Fledermausflügeln. Du kannst das Ganze auf vergoldeten Schalen oder in einer Drachenbox servieren. Außerdem verrate ich dir, wie man die Zukunft aus einer Teetasse liest und seine Freunde mit der wirbelnden Schlange verblüfft. Dir und deinen Gästen wird »Mein praktisches Zauber-Handbuch« mit Zaubersprüchen, Glücksbringern und Weissagungen gefallen. Es werden dort Methoden beschrieben, mit denen man die Zukunft deuten und das Glück auf sich ziehen kann (indem man zum Beispiel ein rotes Band an sein Unterhemd bindet).

Wir Zauberer wissen, wie man für Spass
und Unterhaltung sorgt.

Horneulenmaske

Als ich noch zur Zaubererschule ging, liebten wir Partys über alles. Manchmal verkleideten wir uns als Katzen, Ratten, Eulen und andere Tiere, die gewöhnlich enge Vertraute von Zauberern sind. Meine treue Begleiterin Athena, eine große Horneule, inspirierte mich zu dieser Maske. Du kannst mit der Grundform auch andere Vögel darstellen. Wenn du dich als Katze oder Ratte verkleiden möchtest, verändere die Ohrformen und füge Schnurrhaare statt Schnabel hinzu.

Was du brauchst

- dünnen Fotokarton
- Klebstoff
- Schere
- evtl. Cutter
- Filzstifte oder Deckfarben (Farben deiner Wahl)
- 1,80 m Band
- kleine Federn
- Holzleim oder Heißklebepistole

Anleitung

1. Vergrößere auf dem Fotokopierer die Schablonen für die Maske und den Schnabel auf Seite 126 passend für dein Gesicht.

2. Klebe sie auf Fotokarton und schneide sie aus. Die Augenhöhlen kannst du mit einem Cutter oder einer Schere ausschneiden.

3. Male die Maske nach deinen Wünschen an. Du kannst dich dabei von Eulenfotos inspirieren lassen. Vergiss nicht den Schnabel!

4. Falte den Schnabel zur Hälfte. Knicke die Laschen an den gestrichelten Linien und klebe sie auf die Rückseite der Maske.

5. Bohre auf jeder Seite der Maske ein kleines Loch, ungefähr in der Höhe der Augenlöcher.

6. Schneide das Band in der Mitte durch. Falte jedes Band zur Hälfte und schiebe jeweils das gefaltete Ende durch eines der Löcher, schiebe dann die Enden durch die entstandene Schlaufe. Zieh die Schlaufe vorsichtig fest.

7. Klebe die Federn mit Holzleim oder Heißkleber auf die oberen Ecken der Maske.

Ein Schimmelgarten unter Glas

Koboldfinger, Fußnägel von Trollen, Geistertoasts, Augäpfel eines Grottenolms etc.: Wenn du deine Freunde auf einer Party erfreuen (oder vergraulen) möchtest, kannst du diese Dinge in einem Glas ausstellen. Stelle das gruselige Arrangement einige Wochen vor dem besonderen Ereignis zusammen, damit es Zeit hat, das Maximum an schimmliger Großartigkeit zu erreichen!

Was du brauchst

- Glas mit weiter Öffnung und Schraubdeckel (ca. 20 l)
- Küchenschere
- Küchenmesser
- Schneidebrett
- Zahnstocher
- Kochtopf
- Papier oder Pappe
- feinen Filzstift

EINE KOMBINATION DER FOLGENDEN ZUTATEN:

- weißes Toastbrot (für den Geistertoast)
- geschälte kleine Möhren (für die Koboldfinger)
- grüne Weintrauben (für die Augäpfel des Grottenolms)
- Kartoffeln (für die Trollfußnägel)
- Äpfel, Orangen oder Zitronen (für die explodierten Früchte)
- Käse mit Löchern (für Mondgestein)
- Ananasstücke aus der Dose (fürs Gehirn vom Schwarzen Mann)
- Spaghetti (für Dracheneingeweide)

Anleitung

1. Lege die Lebensmittel vor dich (Abbildung 1) und fülle damit folgendermaßen das Glas:

Geistertoast
Entferne die Kruste von den Toastscheiben und schneide sie diagonal durch. Staple die Dreiecke so hoch, wie du möchtest. Du kannst sie mit den Zahnstochern durchbohren, damit sie nicht umfallen.

Koboldfinger
Stelle die Karotten zeltförmig auf oder lege sie wie bei einer Blockhütte übereinander.

Grottenolm-Augäpfel
Schäle die Haut von den Weintrauben und staple sie übereinander. (Der Grottenolm ist blind, weil seine Augen keine Pupillen haben. Er braucht kein Augenlicht, da er sein Leben in dunklen Höhlen unter der Erde verbringt.)

Trollfussnägel
Schneide die ungeschälte Kartoffel in zwei Hälften. Lege sie mit der flachen Seite nach unten auf ein Brett und schneide von oben nach unten halbmondförmige Scheiben ab. Das sind die Fußnägel, die du beliebig im Glas arrangieren kannst.

Explodierte Früchte
Schneide die Äpfel, Orangen oder Zitronen quer und oben beginnend in Scheiben. Stecke die Scheiben mit Zahnstochern wieder zusammen, lass aber immer ein wenig Raum zwischen den Scheiben frei, damit es so aussieht, als wären sie »explodiert«. Lege die Fruchtmontagen vorsichtig in dein Glas.

Mondgestein
Schneide den Käse in Würfel und baue diese übereinander in deinem Glas auf. (Da soll noch einer sagen, der Mond wäre nicht aus Käse!)

Gehirn vom schwarzen Mann
Lege einige abgetropfte Ananasstücke in dein Glas. Mit Schimmel sehen sie wie graue Gehirnmasse aus!

Dracheneingeweide
Koche die Spaghetti nach Packungsanleitung und lege sie in kleinen Haufen übereinander.

2. Stelle das Glas an einen warmen, sonnigen Ort. Lass es zunächst unverschlossen, damit der Schimmel wachsen kann. Schraube den Deckel darauf, wenn das Ganze anfängt zu riechen (Abbildung 2). Am Ende wird dein Garten eine erstaunliche Farb- und Formenvielfalt aufweisen.

3. Stelle ein Schild mit den Namen aller Bestandteile neben das Glas (Abbildung 3). Nach zwei oder drei Wochen ist dein Garten verblüht, und du kannst den Inhalt auf den Kompost schütten.

Venezianisches »Glas« als festliche Tafeldekoration

Die Herstellung von kostbarem venezianischem Glas war früher ein streng gehütetes Geheimnis. Meine Sammlung ist klein, aber magisch: Nach Aufsagen eines bestimmten Zauberspruchs erscheint das Sternzeichen eines jeden Gastes in dem Glas. Mit Farbe und durchsichtigem Plastikgeschirr kannst du dein eigenes Service herstellen. Du wirst keine Platzkärtchen mehr brauchen – bitte einfach deine Gäste, ihr Sternzeichen zu suchen und sich dann hinzusetzen!

Was du brauchst

- Bleistift
- Zeitungspapier
- Gold- oder Silberfarbstifte
- durchsichtige Plastikteller (25 cm Durchmesser)
- durchsichtige Plastikkelche mit Stiel
- durchsichtige Plastikschalen
- Schwamm
- Teelöffel
- Pappteller oder Plastikschalen
- Acrylfarbe in zwei leuchtenden, lebhaften Farben

Anleitung

1. Fotokopiere die astrologischen Symbole auf Seite 42. Halte die Kopien gegen eine Fensterscheibe und zeichne die Symbole auf der Rückseite nach. Da du die Rückseite der Teller bemalst, brauchst du auch die Rückseite der Symbole.

2. Bedecke deine Arbeitsunterlage mit Zeitungspapier. Male mit dem Gold- oder Silberfarbstift das jeweilige Sternzeichen deiner Gäste in die Mitte der Tellerrückseite. Am einfachsten geht dies, wenn du die Vorlage unterlegst. Male weitere astrologische Symbole auf den Rand der Teller.

3. Tauche einen Schwamm in Wasser ein und drücke ihn gut aus.

4. Gib einen Teelöffel Farbe auf einen Pappteller oder in eine Plastikschale. Tupfe den Schwamm in die Farbe und streiche die Farbe auf die Rückseite eines Tellers. Bedecke den größten Teil, aber nicht alles mit Farbe. Wiederhole dies mit den anderen Tellern. Farbe trocknen lassen.

5. Wiederhole Schritt 4 mit der zweiten Farbe. Bedecke diesmal die gesamte rückseitige Oberfläche. Lass die Farbe trocknen.

6. Auf diese Weise kannst du auch die Kelche und Schalen verzieren. Dekoriere den Fuß der Gläser wie einen Teller. Male Streifen, Schnörkel oder Symbole in Gold oder Silber auf den Stiel und den Kelch. Lass einen mindestens 1,5 cm breiten Streifen am oberen Rand der Kelche unverziert.

Festtafeln
aus dünner Luft

Es gibt Menschen, die aus der Luft feste Gegenstände hervorzaubern können. Diese auf so wundersame Weise entstandenen Dinge nennt man Apporte. Dazu können unter anderem Münzen, Bonbons und Edelsteine gehören. Einige Apporte sind sehr viel größer, zum Beispiel Bücher, Blumen und lebende Tiere.
Einige Anhänger des Sufismus, einer mystischen Lehre des Islam, sind berühmt für ihre Apporte. Ebenso die Swamis, das sind hinduistische Mönche, und andere heilige Männer. Scheinbar ohne Anstrengung des Ausführenden erscheinen Lebensmittel, Juwelen und religiöse Gegenstände aus dem Nichts. Könnte es sein, dass es Betrüger unter ihnen gibt, die die Illusion eines Zaubers nur vortäuschen? Ja, aber es gibt auch welche, denen niemals ein Betrug nachgewiesen werden konnte. Ein indischer Herr namens Sai Baba kann enorme Mengen von Apporten hervorbringen. Aus Sand, den er in seiner geschlossenen Faust hält, lässt er ganze Festtafeln erscheinen, mit Servierschüsseln, Nachtisch und Süßigkeiten. Äußerst praktisch, wenn man gerade hungrig ist, aber ich weiß nicht, ob man die Tafel vorher bestellen kann …
Einige Zauberer berichten gern über ihre Methoden, aber andere möchten ihre Geheimnisse lieber für sich behalten. Ich konnte Sai Baba nie dazu bringen, mir zu erzählen, wie er es macht.

Zaubererknallbonbons

Bunte Knallbonbons aus Papier – gefüllt mit kleinen Schmuckstücken, Papierhüten und guten Wünschen – gehören zur englischen Weihnachtstradition. In anderen Ländern werden sie mit Süßigkeiten, Andenken und Geld gefüllt. Man kann sie auch bei Geburtstagsfesten verteilen. Ich habe kleine Knallbonbons auch schon als Behälter für wichtige Nachrichten verwendet, transportiert in den zuverlässigen Krallen meiner Eule Athena.

Was du brauchst

- Wellpappe (13 x 18 cm)
- Pinsel
- Acrylfarbe (Farbe deiner Wahl)
- Acrylfarbe in Gold und Silber
- Gummistempel mit Stern- und Mondmotiv
- 2 Bögen (13 x 22 cm) Papier in verschiedenen Farben
- Hefter
- Klebstoff
- Schere

Anleitung

1. Male die gewellte Seite der Wellpappe in einer Farbe deiner Wahl an und lass sie trocknen.

2. Verziere die Pappe mit den Gummistempeln und der Gold- und Silberfarbe und lass sie trocknen.

3. Lege die Pappe mit der bemalten Seite nach unten auf eine Arbeitsfläche. Darüber legst du die beiden Papierbögen; auf beiden Seiten sollte das Papier gleich viel überstehen.

4. Hefte das Papier an den vier Ecken an die Pappe.

5. Lege dein Geschenk oder deine geheime Botschaft in die Mitte des Papiers und rolle dein Papp-Sandwich zusammen. Klebe es an den Papprändern zusammen.

6. Schneide das Papier an beiden Enden in 6 mm breiten Streifen bis an den Rand der Pappe ein. Mit der Schneidefläche der Schere kannst du die Streifen vorsichtig wellen.

Geister-KOCHBUCH

KNUSPRIGE

Fledermaus-flügel

Obwohl ich viele, viele Jahre lang Vegetarier war, habe ich mir in meinen ersten 100 Jahren von ganzem Herzen Hühnchen, Büffel, Truthahn und Fische aller Art schmecken lassen. Unsere Freundin, die Fledermaus, wird weniger als Delikatesse geschätzt. Ihre Flügel schmecken leicht süßlich. Wenn du keine Fledermäuse bekommen kannst, sind Hähnchenflügel ein annehmbarer Ersatz.

Was du brauchst

- 6 Esslöffel Weißweinessig
- 9 Esslöffel Pflanzenöl
- 2 Teelöffel Worcestersauce
- 2 Teelöffel getrocknete Petersilie
- 1 ½ Teelöffel Paprika
- ¾ Teelöffel Knoblauchgewürz
- ¾ Teelöffel Salz
- ¾ Teelöffel Pfeffer
- 16 Fledermaus- oder Hähnchenflügel
- mittelgroße Rührschüssel
- großen verschließbaren Plastikbeutel
- flache Backofenform
- Topflappen

Anleitung

1. Vermische Weißweinessig, Pflanzenöl, Worcestersauce, Petersilie, Paprika, Knoblauchgewürz, Salz und Pfeffer in der Rührschüssel.

2. Lege die Flügel in den Plastikbeutel und gieße die Gewürzmischung dazu. Verschließe den Beutel und wende ihn ein paar Mal, um die Flügel mit der Marinade zu überziehen. Achte darauf, dass alle gleichmäßig bedeckt sind.

3. Lege den Beutel in den Kühlschrank und lass die Flügel 1 bis 2 Stunden in der Marinade ziehen. Wende ihn in dieser Zeit einmal um.

4. Nimm die Flügel aus dem Beutel und lege sie in die Backofenform. Schütte die Marinade weg.

5. Backe die Flügel im vorgeheizten Backofen bei 200 °C 30 bis 35 Minuten. Wenn sie fertig sind, schalte den Grill ein und bräune sie 3 bis 5 Minuten. Pass auf, dass sie nicht verbrennen.

6. Nimm die Form mit Topflappen aus dem Ofen und lass die Flügel abkühlen. Es ist unwahrscheinlich, dass sie in dieser Zeit davonfliegen.

Versteinerte Baumplätzchen

Es versteht sich von selbst, dass du niemals mit Zaubersprüchen experimentieren solltest, die ein Lebewesen in Stein verwandeln könnten – sei es ein bellender Hund oder eine Blume, die zum Niesen reizt. Backe stattdessen diese leckeren Kekse. Dazu gibt es Drachenblut. Heiß serviert schmeckt dieses magische Elixier am besten.

Was du brauchst

- 60 g Butter
- 200 g Plätzchenkrümel
- 180 ml gesüßte Kondensmilch
- 100 g Rosinen
- 110 g gehackte Nüsse
- 100 g Schokoladenraspel
- 100 g Getreideflocken
- Backofenform (23 x 15 x 5 cm)
- Topflappen
- Backpapier
- Messer

Anleitung

1. Heize den Backofen auf 160 °C vor. Gib die Butter in die Form und stell sie für ein paar Minuten zum Schmelzen in den Ofen. Mit Topflappen wieder herausnehmen.

2. Verteile die Plätzchenkrumen gleichmäßig auf der geschmolzenen Butter und gieße die Kondensmilch über die Krumen.

3. Verteile darauf zuerst eine Lage klein gehackte Rosinen, dann eine Lage Nüsse, gefolgt von Schokoladenraspeln und zuletzt Getreideflocken.

4. Lege ein Stück Backpapier über die Mischung und drücke sie mit der Handfläche fest. Papier abziehen.

5. Das Ganze 25 bis 30 Minuten backen, bis die obere Schicht leicht gebräunt ist. Nimm die Form mit Topflappen aus dem Ofen. 15 Minuten abkühlen lassen und dann 1 Stunde in den Kühlschrank stellen. Anschließend wird der Kuchen in Streifen und diese in Quadrate geschnitten.

Dampfendes Drachenblut

Was du brauchst

- 1 unbehandelte Zitrone
- 750 ml Johannisbeersaft
- 250 ml Wasser
- 1 Zitrone
- 5 Gewürznelken
- 1 Teelöffel Zimt, gemahlen
- Zucker nach Geschmack
- mittelgroßen Kochtopf

Anleitung

1. Schneide die Zitrone in der Mitte durch und presse beide Hälften aus.

2. Gieße den Johannisbeersaft und das Wasser in den Topf, gib den Zitronensaft und die Gewürze dazu. Erhitze das Ganze. Kurz vor dem Kochen nimmst du den Topf vom Herd.

3. Verteile das heiße, dampfende Drachenblut auf große Tassen. Wer mag, kann noch etwas Zucker dazugeben.

Kristallzuckerstangen

Du kannst einen Kristall wachsen lassen, der echt aussieht und dazu auch noch gut schmeckt! Du brauchst ausgesprochen viel Geduld, wenn du dieses Rezept ausprobierst, aber das ist eine Eigenschaft, die man nicht oft genug üben kann!

Was du brauchst

- 200 g Zucker
- 125 ml Wasser
- Lebensmittelfarbe
- mittelgroßen Kochtopf
- 2 hitzebeständige Gläser
- Messer

Anleitung

1. Gib den Zucker in den Topf und füge das Wasser hinzu. Rühre die Mischung nicht um.

2. Zum Kochen bringen und 1 Minute köcheln lassen, dabei immer noch nicht umrühren.

3. Gib während des Kochens einige Tropfen Lebensmittelfarbe hinzu.

4. Gieße die Mischung vorsichtig in die Gläser.

5. Bedecke die Gläser. Lass sie unberührt 2 Wochen ruhen. (Ich habe dir gesagt, dass du Geduld brauchst!) Langsam, mit der Verdunstung des Wassers aus der Zuckerlösung, beginnen sich Kristalle zu bilden. Schau täglich nach deinen Schützlingen: Wenn sich eine Kruste auf der Oberfläche gebildet hat, klopfe diese mit einem Messer auf, damit das Wasser weiter verdunsten kann. Unter keinen Umständen darfst du die Gläser schütteln.

6. Wenn das Wasser ganz verdunstet ist, kannst du die Zuckerstangen mit einem Messer aus dem Glas schälen. Nun darfst du dein langes Warten mit einem großen Stück belohnen.

Kürbiseis-Shake

Was du brauchst

- 350 g gefrorenen, gekochten Kürbis
- 600 g Vanilleeis
- 100 g zerstoßene Eiswürfel
- 100 g Honig
- je ¼ Teelöffel Piment, Zimt, Vanille (alles gemahlen)
- Mixer
- 4 eisgekühlte Gläser

Anleitung

1. Gib den leicht angetauten Kürbis, die Eiscreme, das zerstoßene Eis und den Honig in den Mixer und mische das Ganze, bis es gut vermengt ist.

2. Füge die Gewürze hinzu und mixe das Ganze erneut für 1 Minute.

3. Gieße den Shake in die Gläser. Sofort servieren!

Bunte Gummidrops

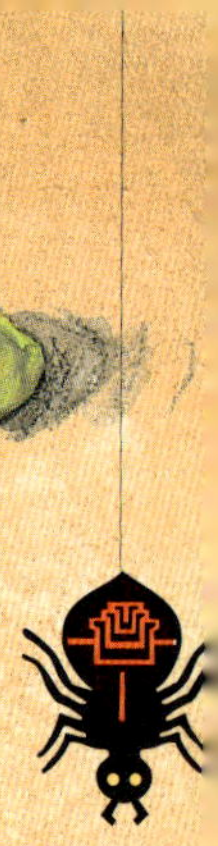

Für all jene unter euch, die gern mit klebrigen Sachen spielen, wird bei diesem Rezept ein Traum wahr… Auf dieser Seite verrate ich dir das Rezept für Zitronengummidrops. Wie du auch andere Geschmacksrichtungen zaubern kannst, wird auf der nächsten Seite beschrieben.

Was du brauchst

- 1 Esslöffel Butter
- 400 g Zucker
- 125 ml Wasser
- 4 Blatt weiße Gelatine
- 125 ml Wasser zum Auflösen der Gelatine
- Saft einer Zitrone
- geriebene Schale einer unbehandelten Orange
- 2 bis 4 Tropfen gelbe Lebensmittelfarbe
- 100 g extrafeinen Zucker
- Backofenform (20 x 20 cm)
- mittelgroßen Kochtopf
- Kochlöffel
- Backpinsel
- kleine Rührschüssel
- Messer
- Schere

Anleitung

1. Streiche die Form sorgfältig und komplett mit Butter aus.

2. Gib den Zucker und 125 ml Wasser in den Topf. Bring die Mischung bei mittlerer Hitze zum Kochen. Stell dir den Kochlöffel als Zauberstab vor und rühre, rühre, rühre! Tauche den Backpinsel alle paar Minuten in kaltes Wasser und streiche die inneren Topfwände damit ein, damit der Zucker keine Kristalle bildet.

3. In der Rührschüssel lässt du die Gelatine 5 Minuten lang in 125 ml Wasser aufweichen.

4. Gib die aufgelöste Gelatine zu der Zuckerlösung in den Kochtopf und koche das Ganze weitere fünf Minuten, während du eifrig rührst und aufpasst, dass du keine Spritzer der Zuckerlösung abbekommst.

5. Füge den Zitronensaft und die Orangenschale hinzu und koche die Lösung weitere fünf Minuten. Gib die Lebensmittelfarbe hinzu.

6. Gieße die Lösung (Vorsicht: Topflappen verwenden!) in die gefettete Backofenform. Lass das Ganze 3 Stunden hart werden.

7. Während du wartest, kannst du etwas Nützliches tun: Hilf deinen Eltern beim Saubermachen; lies zwei Kapitel in einem Buch über Astronomie; beobachte den Flug eines Vogels; oder spiele mit deinem jüngeren Bruder oder deiner kleinen Schwester.

8. Die Zeit ist um! Buttere das Messer, die Schere und deine Finger. (Ablecken ist noch nicht erlaubt!) Schneide die Gummimasse mit dem Messer und/oder der Schere in Stücke. Rolle sie zu murmelgroßen Kugeln und wälze sie dann in dem extrafeinen Zucker. In einem luftdichten Behälter aufbewahrt halten sie mehrere Wochen.

RICHTIG BUNT WIRDS, WENN DU FÜR JEDE GESCHMACKSRICHTUNG EINE ANDERE LEBENSMITTELFARBE NIMMST.

Wie man eine Zaubererparty vorbereitet

Zauberer sind eine lustige Bande und lassen keine Gelegenheit ungenutzt, eine Party zu feiern. Ferien, ein Hundegeburtstag, ein annehmbares Zeugnis – all dies sind gute Gründe, sich mit Freunden zu treffen. Die passende Dekoration ist schnell besorgt:

Wie wärs mit einem Zaubererbaum? Kaufe im Gartencenter einen kleinen Baum oder Busch im Topf, den man auf den Tisch stellen kann. Besprühe ihn mit Frostspray aus der Dose und hänge eine elektrische Lichterkette daran. Gib deinen Gästen Bleistifte, buntes Papier und Scheren, um astrologischen Baumschmuck zu basteln (Vorlagen siehe Seite 42).
Stelle winzige Taschenlampen in ausgehöhlte Mini-Kürbisse. Bitte deine Eltern um Erlaubnis, magische Schwimmkerzen (Seite 49) brennen zu lassen. Platziere die Kerzen weit weg von deinen Gästen und allem, was Feuer fangen könnte. Lege auf deine Tafel eine himmlische Tischdecke, die du auf die gleiche Weise wie die Bettwäsche auf Seite 60 herstellen kannst. Stell Extra-Tische auf: mit Kristallkugel für Wahrsager (Seite 53), mit allen Zutaten für das Teeblattdeuten (Seite 116) und mit Anleitungen für das Handlesen (Seite 122). Du kannst Netze mit Klebstoff besprühen und Glitter darauf verteilen. Wenn der Klebstoff trocken ist, werden die Netze im Zimmer aufgehängt, damit es noch mehr glitzert.
Blase schwarze Luftballons auf und bemale sie mit fröhlichen oder grässlichen Gesichtern. Nimm eine Farbe, die im Dunkeln leuchtet. Befestige die Ballons mit Faden und Klebeband an der Decke deines Zimmers. Wenn du das Licht ausschaltest, beginnen die Ballonfratzen zu leuchten.

FÜR JEDEN GESCHMACK ...

Wenn du andere Geschmacksrichtungen zubereiten möchtest, wie Cola, Banane oder Pfefferminze, wirst du Extrakte oder Öle kaufen müssen. Extrakte werden im Supermarkt verkauft; Öle gibt es nur in einigen Supermärkten und Reformhäusern, du kannst sie aber auch bei Versandhäusern für Süßwarenbedarf bestellen. Nimm nur solche Aromastoffe, die ausdrücklich zum Verzehr geeignet sind. Da sie mit der Zeit an Aroma verlieren, solltest du nicht zu viele auf einmal kaufen. Einfacher geht es, wenn du den Zucker statt in 125 ml Wasser in der gleichen Menge Orangen- oder Apfelsaft auflöst. Füge noch etwas Zitronensaft hinzu, damit die Orangen- oder Apfelgummidrops etwas säuerlich schmecken. Ebenso kannst du mit anderen Säften, Cola oder Tee verfahren.

Geprägte Drachenbox

Ob du nun Edelsteine, Zaubergeld oder die Plätzchen von Seite 108 darin aufbewahrst, diese Drachenbox wird ein herrlicher Blickfang in deinen Gemächern sein und deine Gäste beeindrucken.

Was du brauchst

- große Pappunterlage
- Zigarrenschachtel
- Schere
- Bleistift
- weißes Papier
- Kohlepapier
- Kugelschreiber
- 2 Aluschalen (Die Aluschalen sollten größer als die Zigarrenschachtel sein, siehe Schritt 6 und 7 auf Seite 113.)
- Klebeband
- Essstäbchen
- Silikonkleber
- Klebstoff
- Papiertücher
- Wäscheklammern
- dicke Pappe zum Auskleiden der Schachtel
- Stoff zum Auskleiden der Schachtel
- Dosen oder Bücher zum Beschweren
- Styroporplatte oder dicke Pappe (ca. 5 mm stark, etwa so groß wie der Deckel der Zigarrenschachtel)
- »Juwelen« aus Plastik oder Glas
- feines Schmirgelpapier
- Pinsel
- dunkle Acrylbeize

Anleitung

Übertragen der Vorlagen

1. Bedecke die Arbeitsfläche mit einer großen Pappe.

2. Schneide den Deckel von der Zigarrenschachtel entlang des Scharniers ab.

3. Zeichne die Umrisse des Deckels und der Seiten der Box mit dem Bleistift auf Papier (Abbildung 1).

4. Vergrößere die Vorlagen auf Seite 127 auf dem Fotokopierer, sodass sie auf den Deckel bzw. die Seitenwände passen.

5. Übertrage die Drachenvorlage mit Kohlepapier auf den gezeichneten Umriss des Deckels. Verfahre ebenso mit den anderen Vorlagen, die auf die Seitenwände kommen. Schneide die Rechtecke aus.

6. Schneide die Aluschalen an den Kanten auseinander, sodass du 5 feste Alufolien erhältst. Zeichne nun mit Kugelschreiber die Umrisse des Deckels, des Bodens und der Seitenwände der Box auf die Alufolien (Abbildung 2).

7. Ziehe einen 1,5 cm breiten Rand um den Deckel und den Boden (Abbildung 3). Die langen Seitenteile erhalten am linken, rechten und oberen Rand eine Zugabe von 1,5 cm; die kurzen Seitenteile nur an der oberen Kante. Drücke den Stift fest auf die Folie. Schneide die Rechtecke aus, achte dabei auf die scharfen Ecken.

8. Klebe die Ränder der Aluverkleidungen mit Klebeband auf die große Pappe.

9. Lege die ausgeschnittenen Papierrechtecke in die Mitte der dazugehörigen Aluverkleidungen und klebe sie ebenfalls mit Klebeband fest.

10. Zeichne mit dem Kugelschreiber die Vorlagen mit festem Druck nach, um sie auf die Aluverkleidungen zu übertragen. Entferne das Papier und zeichne die Motive auf der Alufolie noch einmal nach, ohne jedoch die Folie zu zerreißen.

Prägen der Motive

1. Jetzt prägst du die Alureliefs, um ihnen mehr Tiefe zu geben. Reibe mit dem Essstäbchen über die Flächen im Hintergrund des Drachens und der Landschaft (Abbildung 4). Ebenso über die Hintergründe der Juwelen-Zierleisten. Reibe auch über die Bereiche innerhalb der Rauten. Je fester du mit dem Essstäbchen drückst, desto mehr tritt der Hintergrund zurück.

2. Um die Figur des Drachens noch stärker aus der Alufolie heraustreten zu lassen, drehe die Folie um und reibe leicht über die Flächen des Drachenkörpers und seiner Flügel innerhalb der Umrisslinien.

3. Fülle die Hohlräume auf der Rückseite der geprägten Folie mit Silikonkleber und lass ihn über Nacht trocknen. So können die Muster nicht so leicht eingedrückt werden.

Befestigen der Folie an der Box

1. Schneide die Ecken des Bodens der Aluverkleidung außerhalb der Umrisslinie (Abbildung 5) ab.

2. Streiche die Bodenfolie außerhalb und innerhalb der Umrisslinie des Bodens mit Klebstoff ein.

3. Stelle die Box auf die Aluverkleidung und falte die Außenränder (Abbildung 7) nach oben. Glätte die Folie auf der Box und wisch überschüssigen Klebstoff mit einem Papiertuch ab.

4. Schneide die Ecken der Deckelverkleidung wie in Schritt 1 ab. Bestreiche die Rückseite der Folie mit Klebstoff (Abbildung 6) wie in Schritt 2 beschrieben und klebe sie auf die Box (siehe Schritt 3).

5. Schneide die Ecken von den Laschen der Seitenteilen ab. Bearbeite die Seitenteile nacheinander: Bestreiche alle Ränder und Laschen auf der Rückseite einer Seitenverkleidung mit Klebstoff. Klebe die Folie auf die Seite der Box und lege die obere Lasche über die Seitenwand in das Innere der Box um. Drücke die Folie fest an und halte sie mit Wäscheklammern an ihrem Platz, bis der Klebstoff getrocknet ist. Wiederhole diesen Arbeitsschritt für die restlichen drei Seiten.

6. Poliere die Ecken der Box, indem du mit dem Essstäbchen fest darüber streichst. Die Seiten sehen nun aus wie aus einem Guss.

Auskleiden der Box

1. Schneide ein Rechteck aus der Pappe, das die gleichen Maße wie der Boden im Inneren der Box hat.

2. Nun schneidest du ein Stück Stoff zurecht, dass 3 cm größer ist als die Pappe. Wenn deine Pappe zum Beispiel 20 x 25 cm misst, sollte das Stück Stoff die Maße 23 x 28 cm haben. Schneide die Ecken des Stoffes ab (wie in Abbildung 5).

3. Bestreiche eine Seite der Pappe mit einer dünnen Schicht Klebstoff. Lege die linke Stoffseite auf die mit Klebstoff bestrichene Seite der Pappe und drücke beide fest aufeinander. Drehe die Pappe um und klebe die Ränder des Stoffes auf die Rückseite der Pappe. Bestreiche die Unterseite mit einer dicken Schicht Leim und setze sie auf den Boden der Box. Beschwere die Pappe mit Büchern und lass den Leim trocknen.

4. Schneide Pappstücke zurecht, die auf die vier Seiten im Inneren der Box passen. Lass einen 7 mm breiten Streifen zwischen dem oberen Rand der Pappe und dem Rand der Box frei. Schneide Stoffstücke zurecht und klebe sie wie in Schritt 3 beschrieben auf die Pappe. Halte sie mit Wäscheklammern fest, bis der Leim getrocknet ist. Dann klebst du die Pappen auf die Innenwände der Box.

5. Schneide ein Styropor- oder Pappstück zurecht, das 1 cm kleiner ist als der Deckel der Box. Wenn der Deckel der Box zum Beispiel 20 x 25 cm groß ist, sollte das Styropor die Maße 19 x 24 cm haben.

6. Schneide ein Stück Stoff aus, das 3 cm größer ist als das Styropor. Schneide die Ecken (wie in Abbildung 5) ab. Bestreiche das Styropor mit Klebstoff, lege es auf die Mitte der linken Stoffseite und drücke beide Teile aufeinander. Lege die Ränder auf die Rückseite um und klebe sie fest. Anschließend klebst du das Styropor mittig auf die Deckelunterseite. Beschwere den Deckel und lass ihn trocknen.

Fertigstellen der Box

1. Klebe die »Juwelen« in die Rauten auf den Seiten der Box.

2. Schmirgle die Box (außer den Boden) vorsichtig mit dem Schmirgelpapier, damit die Alufolie »antik« aussieht, und glätte raue Stellen an den Nähten.

3. Bestreiche die Seiten und den Deckel der Box nacheinander mit der Acrylbeize, achte darauf, dass genug Beize in die Konturen eindringt (Abbildung 8). Wische überschüssige Beize mit einem Papiertuch ab, während sie noch feucht ist, und poliere die Juwelen, bis sie glänzen.

Tassologie

Die Kunst der Teeblattdeutung

Kennst du das Geheimnis einer Tasse Tee? Nicht das Getränk, sondern die Teeblätter, die in der leeren Tasse zurückbleiben, erwecken das Interesse von Wahrsagern. Durch die Deutung des Musters, das die Teeblätter in der Tasse bilden, kannst du mit deinen Freunden in die Zukunft blicken.

Was du brauchst

- Teekanne
- 500 ml Wasser
- 2 Esslöffel lose Teeblätter (Kräuter-, Früchte- oder Rotbuschtee)
- Teetassen und Untertassen*

*DIE TASSEN SOLLTEN OBEN BREIT, UNTEN SCHMAL UND INNEN HELL UND OHNE MUSTER SEIN.

Anleitung

1. Wärme die Teekanne vor, indem du sie mit heißem Wasser ausspülst. Stell Wasser zum Kochen auf den Herd (bitte deine Mutter oder deinen Vater um Hilfe). Verwende kein Tee-Ei, sondern gib zwei Teelöffel losen Tee auf den Boden der Kanne. Fülle die Teekanne mit kochendem Wasser. Lass den Tee fünf bis zehn Minuten (je nach Sorte) ziehen.

2. Gieße deiner Freundin (oder deinem Freund) eine Tasse Tee ein, ohne die Blätter herauszusieben. Fordere sie auf, den Tee auszutrinken, wobei jedoch ein wenig in der Tasse zurückbleiben sollte.

3. Deine Freundin soll nun den Teerest im Uhrzeigersinn in der Tasse

schwenken. (Rechtshänder halten die Tasse in der linken Hand, Linkshänder in der rechten.) Dann muss sie vorsichtig die Tasse über der Untertasse auf den Kopf stellen.

4. Stell die Tasse wieder gerade hin und studiere die Lage der Teeblätter. Der Henkel der Tasse steht für deine Freundin, und alle Teeblattmuster in der Nähe des Henkels betreffen sie direkt. Der Rand der Tasse verkörpert die Gegenwart, und je tiefer du in die Tasse hineinsiehst, desto weiter blickst du in die Zukunft.

5. Generell bedeutet es Glück für deine Freundin, wenn die Teeblätter klare Muster bilden. Sind sie undeutlich, muss sie vielleicht mit Schwierigkeiten rechnen. Gerade Linien stehen für klare Pläne, eine wellenförmige Linie bedeutet Unsicherheit. Zahlen in der oberen Hälfte der Tasse verkörpern Stunden des Tages und Zahlen in der unteren Hälfte längere Zeiträume, sogar Jahre. Buchstaben sind die Initialen von Menschen, die wichtig für sie sein werden. Es gibt noch viele andere Symbole, von denen einige hier aufgelistet sind.

6. Wenn du mit der Deutung fertig bist, bist du an der Reihe zu hören, was deine Freundin in deiner Teetasse sieht.

Ballon = Schwierigkeiten hören auf

Glocke = gute Nachricht

Vogel = gute oder schlechte Nachricht

Boot = Reise

Buch = Weisheit

Burg = Geld

Katze = eine Freundin ist beteiligt

Stuhl = ein Gast

Kreis = Enttäuschung

Wolke = Zweifel

Kleeblatt = Glück!

Kreuz = Unglück!

Hund = ein guter Freund

Elefant = der Rat eines Freundes

Fahne = eine Warnung

Blume = Liebe und Ehre

Garten = Wohlstand

Tor = eine Gelegenheit

Herz = Liebe

Hufeisen = Glück

Schlüssel = die Enthüllung eines Geheimnisses

Messer = ein Missverständnis

Mann = ein Besucher

Schere = Streit in der Familie

Schlange = ein Feind

Quadrat = Schutz

Stern = Erfolg

Baum = ein Ziel wird erreicht

Dreieck = Glück

Rad = Geld

Bewegte Bilder

Thomas Edison erfand 1891 den Kinetograph, ein Filmaufnahmegerät, wodurch bewegte Bilder bald zu einer beliebten Unterhaltung wurden. Solche Geräte machen sich die Trägheit des Auges zunutze (Zauberer wussten schon vorher von diesem Phänomen, behielten es aber für sich). Mit der hier vorgestellten einfachen, aber wirkungsvollen Drehscheibe kannst du die erstaunliche Verbindung von zwei Mustern auf einer Scheibe beobachten.

Was du brauchst

- Schere
- dünne Pappe
- Klebstoff
- Farbstifte *
- Bleistift
- Nagel
- 1 m dünne, feste Schnur

*Anmerkung: Verwende nicht mehr als vier Farben für die Muster. Du kannst auch eigene Muster auf die Scheibe zeichnen – einfache Formen funktionieren am besten.

Anleitung

1. Fotokopiere zwei der Kreise auf Seite 127.

2. Schneide sie aus und klebe sie auf die dünne Pappe. Schneide jetzt die Pappkreise aus und klebe sie Rücken an Rücken aufeinander. Male sie nach deinem Geschmack an.

3. Markiere mit Bleistift zwei Punkte auf der Scheibe, jeweils 1 cm vom Mittelpunkt entfernt. Bohre an den Punkten mit einem Nagel kleine Löcher in die Scheibe.

4. Fädle die dünne Schnur durch die beiden Löcher und knote sie an den Enden zusammen.

5. Halte die beiden Enden mit den Fingern fest. Achte darauf, dass die Scheibe in der Mitte der Schnur sitzt. Zwirble die Schnur, indem du die Scheibe wieder und wieder um ihre Achse schwingst. Hältst du jetzt die Schnur gespannt, dreht sich die Scheibe in die Gegenrichtung und die Schnur spult zurück. Beobachte die schönen Muster, die dabei auf beiden Seiten der Scheibe entstehen.

Magische Schlange

Nicht jeder weiß, dass Wärme aufsteigt. Zauberer haben durch die Jahrhunderte immer wieder Uneingeweihte mit dieser simplen, sich drehenden Schlange verblüfft. Halte deine Hand absolut ruhig, murmle den passenden Zauberspruch und deine Freunde werden fragen: »Wie hat er das bloß gemacht?«

Was du brauchst

- dünnen Karton
- Kohlepapier
- Bleistift
- Schere
- Farbstifte (wahlweise)
- Nadel und Faden
- Tischlampe (entferne den Lampenschirm, wenn du möchtest)

Anleitung

1. Fotokopiere die Vorlage auf Seite 126. Übertrage sie mit Kohlepapier auf den dünnen Karton.

2. Schneide die Spirale aus. Arbeite langsam und vorsichtig, damit die Ränder nicht krumm und schief werden.

3. Wenn du möchtest, kannst du die Schlange anmalen (zum Beispiel eine Korallenschlange mit Bändern in Rot, Gelb und Schwarz).

4. Fädle einen 30 cm langen Faden in die Nadel und verknote das Ende. Bohre mit der Nadel ein Loch in das Ende der Schlange und ziehe den Faden durch das Loch.

5. Halte die Schlange in kurzem Abstand über eine elektrische Birne. Wenn du die Birne einschaltest, wird sich die Schlange durch die aufsteigende Wärme langsam drehen.

MEIN PRAKTISCHES

Zauber-Handbuch

Zaubersprüche, Glücksbringer und Weissagungen

Zaubersprüche können einzelne Wörter (Abrakadabra!) oder Reime sein. Glücksbringer sind Dinge (ein vierblättriges Kleeblatt) oder bestimmte Rituale (etwa immer an dem Tag die rote Unterwäsche anzuziehen, an dem man ein Fußballspiel hat). Weissagung ist ein anderes Wort für Zukunftsdeutung. Es gibt Dutzende von Methoden – einschließlich Handlesen und Teeblattdeutung.

WANN UND WIE SPRICHT MAN EINEN ZAUBERSPRUCH?

Der erste Tag eines Monats ist ein guter Zeitpunkt für Zaubersprüche, weil er für Hoffnung und Neubeginn steht. Es gibt Menschen, die an diesem Tag das Wort »Kaninchen« sagen, bevor sie irgendetwas anderes sagen, weil das Glück bringen soll. Oder sie flüstern beim Aufwachen dreimal »Hase«, bevor sie aufstehen. Die Zeiten ändern sich: Je nachdem in welchem Jahrhundert Zauberer gelebt haben, begleiteten Weihrauch oder Gaben wie Honig, Butter, Datteln, Knoblauch, Wolle oder Edelsteine ihre Sprüche.

WELCHE GLÜCKSBRINGER SIND BESONDERS WIRKSAM?

Eisen von einem Meteor soll ein besonders wirkungsvoller Glücksbringer sein, weil er vom Himmel kommt. Also, wenn das nächste Mal einer in deinen Garten fällt, warte, bis er kalt ist, grab ihn mit einer Schaufel aus und wünsch dir was! Der Legende nach können Schlüssel magische Kraft auf sich ziehen und gegen das Böse schützen. Suche einen, der dir gefällt (Flohmarkt oder Trödelladen), reinige ihn und bewahre ihn in deinem Zimmer auf.

VERÄNDERLICHE ZAUBERWÖRTER

Simsalabim! Hokuspokus!
Sesam, öffne dich! Abrakadabra!

Abrakadabra ist eines der mächtigsten Zauberwörter. Im Jahre 208 schrieb der Arzt des römischen Kaisers Septimius Severus, dass dieses Wort als Mittel gegen Fieber eingesetzt wurde. Es wurde in der hier abgebildeten Form aufgeschrieben, damit das Fieber ebenso schrumpfte. Du kannst es auch mit der Spitze nach oben aufschreiben, um etwas zum Wachsen anzuregen.

ABRAKADABRA
ABRAKADABR
ABRAKADAB
ABRAKADA
ABRAKAD
ABRAKA
ABRAK
ABRA
ABR
AB
A

Auch andere Zauberwörter können mit mehr oder weniger Buchstaben wiederholt werden, je nachdem, ob etwas zu- oder abnehmen soll. Versuche selbst, dir Namen mit wachsender Macht auszudenken!

»Ray Raymond Raymondo Raymondotondo« oder »Al Ali Alice Alicia Allegria«.

Ein Knoten als wirksamer Zauber

Wusstest du, dass Zauberer auf Russisch und auf Hebräisch »Knoten-Knüpfer« heißt? In der alten aramäischen Sprache wird für Knoten und Zauberformel dasselbe Wort benutzt. Du kannst Knoten knüpfen, um Aufmerksamkeit auf dich zu lenken oder um etwas loszuwerden. Nimm eine Schnur oder irgendetwas anderes, was du knoten kannst. Wenn du jemanden besonders magst, knüpfe einen oder zwei Knoten in einer Vollmondnacht, und vielleicht wird er dich dann auch mögen. Wenn dir ein Problem Kopfzerbrechen bereitet, knüpfe einen Knoten als Symbol für deine Sorgen und vergrabe die Schnur im Garten, um sie loszuwerden.

Bitte um Heilung

Mit diesem Spruch baten die Germanen ihren Gott Wotan um Hilfe bei der Heilung einer Verletzung:

Da besprach ihn Wodan,
wie ers wohl konnte:
Wie die Beinrenke,
so die Blutrenke,
so die Gliedrenke:
Bein zu Beine,
Blut zu Blute,
Glied zu Gliede,
als seien sie geleimt!

Freundschafts-Zauber

Die Zigeuner glaubten, dass Feen Knoten in die Äste von Weiden knüpften und dass die Knoten magischen Liebeszauber besaßen.
Möchtest du den Namen deines zukünftigen Freundes wissen? Schreibe die Buchstaben des Alphabets auf Vierecke aus Karton, ein Viereck pro Buchstabe. Lass sie über Nacht mit der Vorderseite nach unten in einer Schale mit Wasser schwimmen. Wenn du aufwachst, sind die Buchstaben, die sich umgedreht haben, die Anfangsbuchstaben dieser Person.
Wenn ihr beide, du und dein Freund, kleine Beutel mit ein paar eingenähten, ganzen Gewürznelken bei euch tragt, wird eure Freundschaft nie zerbrechen.

Glücks-Zauber

Wenn du eine Münze mit deinem Geburtsjahr findest, trage sie immer bei dir. Das bringt Glück.
Wenn du ein Hufeisen findest, kommt das Glück zu dir. Jeder Nagel, der noch in dem Eisen steckt, bedeutet ein Jahr Glück. Nagle das Hufeisen mit der Öffnung nach oben über die Tür, um das Glück einzufangen und im Haus zu halten.
Wenn du einen Kummer loswerden möchtest, fülle eine Flasche zur Hälfte mit spitzen Gegenständen, zum Beispiel Nägeln. Vergrabe die Flasche und hol sie nie mehr heraus.
Vierblättrige Kleeblätter bringen sehr viel Glück. Das erste Blatt zieht Ruhm an, das zweite Geld, das dritte Liebe und das vierte Gesundheit.
Eine Biene im Haus ist ein gutes Omen. Sie bedeutet Weisheit, Glück und Wohlstand. Kleine Spinnen im Haus bedeuten ebenfalls Glück.
Töte niemals einen Marienkäfer, das könnte Unheil bedeuten.

Magische Rituale, damit Wünsche wahr werden

Wenn du eine Sternschnuppe bei Nacht siehst, sag deinen Wunsch dreimal schnell hintereinander, solange du die Sternschnuppe noch siehst. Auch Geburtstage sind gute Tage, um sich etwas zu wünschen. Schreibe einen Wunsch auf ein Lorbeerblatt. Vergrabe das Blatt sorgfältig und warte darauf, dass dein Wunsch wahr wird. Wenn du eine Ringelblume aus deinem Kräutergarten (Seite 73) hinzufügst, wirkt dieser Zauber noch besser.
Ein Lavendelzweig unter deinem Kopfkissen hilft dabei, deine Träume wahr werden zu lassen.
Schreibe einen Wunsch auf einen Zettel und lass den Zettel in einer mit einem Korken versiegelten Flasche ins Meer hinausschwimmen. Vielleicht kommt dir der Flaschengeist zu Hilfe.

Schutzzauber

Hast du schon einmal den Eindruck gehabt, jemand würde dich mit dem »bösen Blick« ansehen? Dem kannst du abhelfen, indem du einen Gegenzauber bei dir trägst, zum Beispiel Glöckchen, etwas aus Messing oder Knoblauch (puh!). Oder knote ein rotes Band an die Unterwäsche.

Deine Zukunft liegt auf der Hand oder:

Wie man Handlinien liest

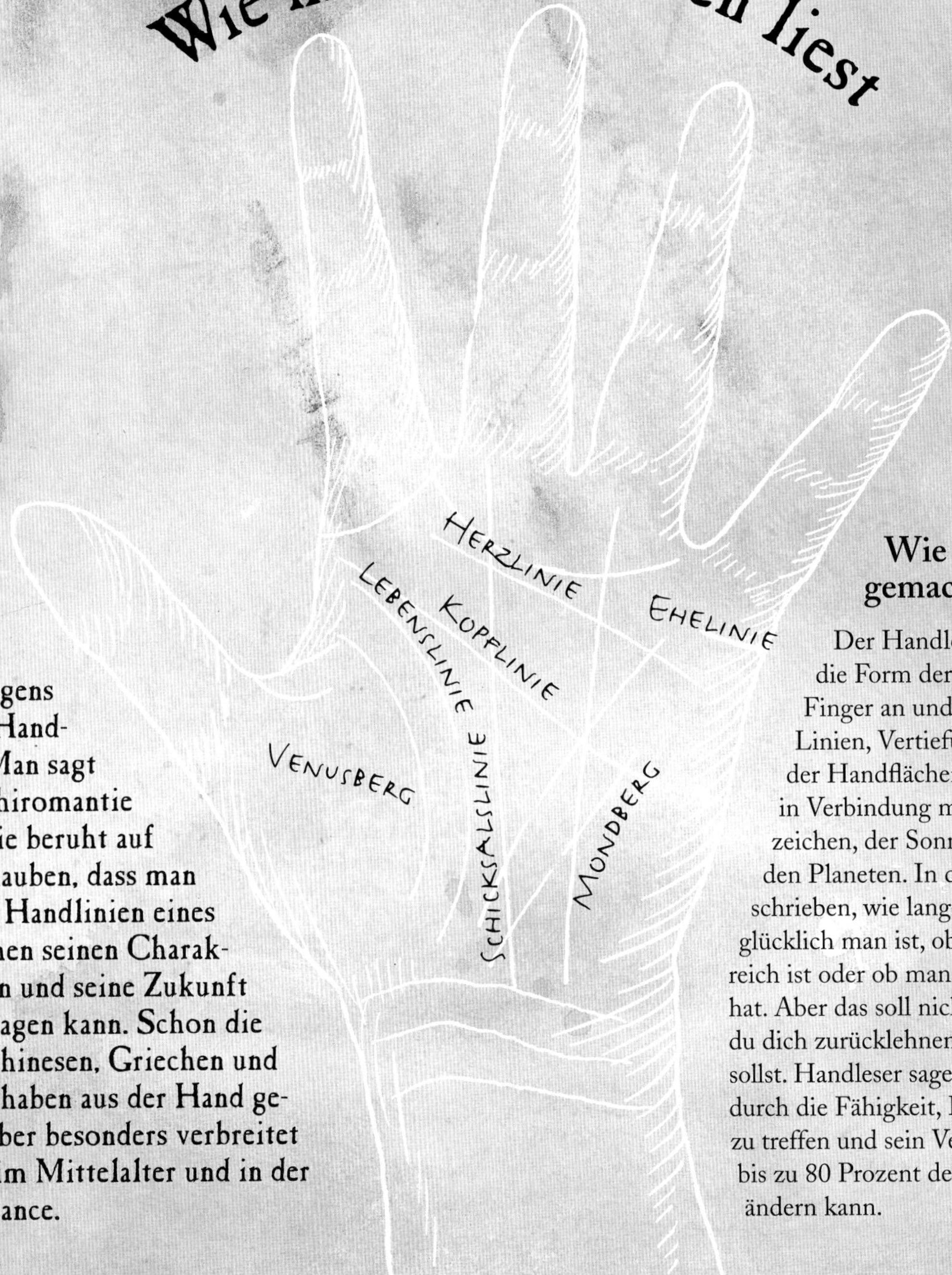

Eine der ältesten Methoden des Wahrsagens ist das Handlesen. Man sagt auch Chiromantie dazu. Sie beruht auf dem Glauben, dass man aus den Handlinien eines Menschen seinen Charakter lesen und seine Zukunft voraussagen kann. Schon die alten Chinesen, Griechen und Römer haben aus der Hand gelesen, aber besonders verbreitet war es im Mittelalter und in der Renaissance.

Wie wird es gemacht?

Der Handleser sieht sich die Form der Hände und der Finger an und untersucht die Linien, Vertiefungen und Hügel der Handflächen. Sie alle stehen in Verbindung mit den Tierkreiszeichen, der Sonne, dem Mond und den Planeten. In der Hand steht geschrieben, wie lange man lebt, wie glücklich man ist, ob man gesund oder reich ist oder ob man heimliche Sorgen hat. Aber das soll nicht heißen, dass du dich zurücklehnen und nichts tun sollst. Handleser sagen, dass der Mensch durch die Fähigkeit, Entscheidungen zu treffen und sein Verhalten zu ändern, bis zu 80 Prozent der Prophezeiung ändern kann.

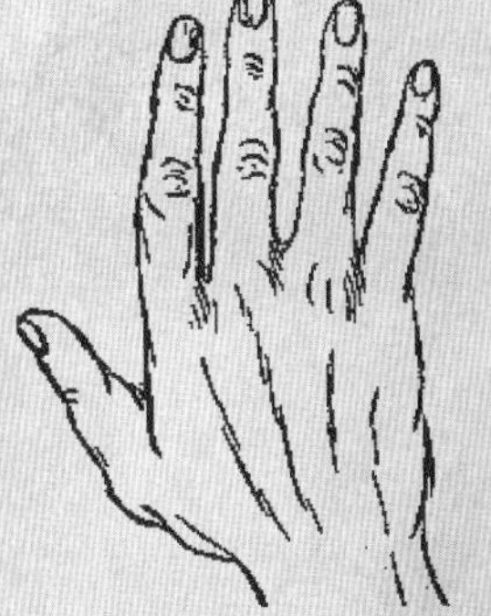

DIE SCHÖPFERISCHE HAND

DIE IDEALISTISCHE HAND

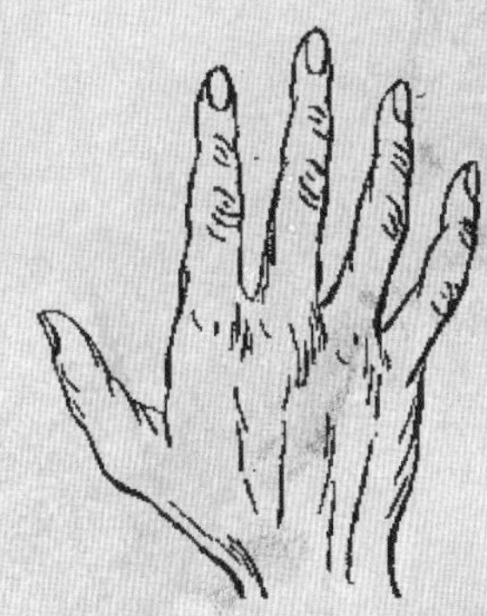

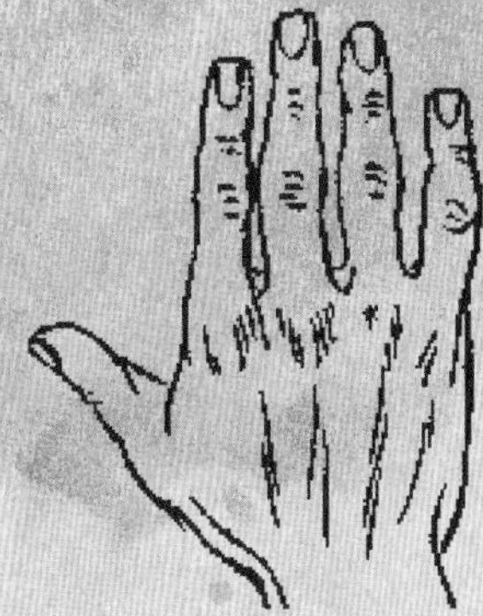

DIE PRAKTISCHE HAND

Studiere die Zeichnung und sieh dir dann deine Hände oder die eines Freundes genau an. Wenn du Rechtshänder bist, zeigt die linke Hand das Schicksal, mit dem du geboren wurdest, und die rechte Hand, wie erfolgreich du dein Schicksal verwirklicht hast. Bei Linkshändern ist es genau umgekehrt.

Tiefe, klare Linien gehören zu einem Menschen, der mit Genuss lebt, sich sehr glücklich und manchmal auch sehr traurig fühlt. Verschwommene Linien bedeuten, dass die betreffende Person ihr Leben mehr in die Hand nehmen muss.

Lange Hände zeigen künstlerisches Talent und eine nachdenkliche Natur. Eine breite, viereckige Hand gehört zu einer starken, praktischen Person, die gern aktiv ist.

Sanfte, idealistische Menschen haben häufig lange Finger. Spitz zulaufende Finger bedeuten, dass der Besitzer zu Extremen neigt. Runde oder flache Finger gehören Menschen, die naturverbunden sind.

Schau dir den Daumen an: Ein langer Mittelknochen heißt, dass die Person sehr sachlich ist; ein kurzer oberer Knochen steht für mangelnde Willenskraft!

Die Lebenslinie ist die wichtigste Linie deiner Handfläche. Du kannst sie in ungefähre Zeitabschnitte aufteilen. Man beginnt dort, wo die Lebenslinie der Kopflinie am nächsten ist. Das erste Drittel steht für die ersten 25 Lebensjahre, das zweite Drittel für die nächsten 25 Jahre und das letzte Drittel für deine letzte Lebensspanne.

Wenn du in der Nähe des Venusberges eine andere Linie siehst, die parallel zur Lebenslinie verläuft, hast du viel Glück und Energie. Du bist ehrgeizig, wenn deine Lebenslinie weit oben ansetzt, und großzügig, wenn sie einen Bogen beschreibt.

Vergleiche die Kopf- und die Herzlinie, weil ihre Beziehung sehr viel über die Person aussagt. Wenn eine Linie länger ist als die andere, zeigt das, ob jemand eher verstandesmäßig oder eher gefühlsmäßig und intuitiv an die Dinge herangeht. Wenn die Kopflinie lang und tief ist, haben wir es mit einer wirklich klugen Person zu tun. Wenn eine starke Kopflinie schräg nach unten abfällt, muss die Person darauf achten, die richtigen Ziele zu wählen, um ihr Talent nicht zu vergeuden.

Eine auffallende Herzlinie zeigt, dass jemand sehr tiefe Gefühle haben kann. Eine kurze Herzlinie bedeutet, dass du viele Freunde oder Freundinnen haben wirst.

Eine voll ausgeprägte Schicksalslinie steht für Erfolg und Beliebtheit. Wenn sie an der Kopflinie aufhört, muss diese Person den Hang überwinden, zu lange über etwas nachzudenken, ohne etwas zu tun.

Die Ehelinie hat nichts damit zu tun, wie oft du heiraten wirst. Sie zeigt vielmehr, wie oft wir so tief für jemanden empfinden werden, dass wir ihn für den Rest unseres Lebens nicht vergessen werden. Ist der Venusberg ausgeprägt und warm, zeigt das, dass diese Person ein guter und lieber Freund sein kann.

Ein gut entwickelter Mondberg weist darauf hin, dass jemand sowohl fantasievoll als auch praktisch veranlagt ist. Und wenn auf dem Mondberg Linien ein Dreieck bilden, könnte diese Person übernatürliche Fähigkeiten haben.

Abschiedsworte des Zauberers

Du hast durchgehalten und bist am Ende meines Buches angekommen. Du hast etwas über Zauberer und ihre magische Kunst gelesen. Eifrig arbeitest du jetzt die Dinge nach, die du brauchst, um ein Zauberer zu werden. Ich hoffe, die Lektüre hat dir Spaß gemacht. Du bist sicherlich stolz auf all das Handwerkszeug, das du gelernt hast, und auf die Dinge, die du mit deinen eigenen Händen zaubern kannst. Vielleicht sind dir bei einigen Geschichten Schauder über den Rücken gelaufen.

Es gibt noch etwas, was ich dir mit auf den Weg geben möchte: »Nutze deine Kräfte!« Es wäre ein schwerer Fehler, wenn du nie die besonderen Talente einsetzen würdest, die du in dir trägst und die nur darauf warten, herausgelassen zu werden. Jeder hat sie. Achte also besonders auf alles, was dich neugierig und glücklich macht. Das sind Schlüssel zu deiner wahren Zauberernatur.

Ich werde deine Fortschritte mit Freude beobachten, obwohl ich bald an einem Ort und in einer Zeit sein werde, die für Sterbliche unerreichbar sind. Aber man kann nie wissen, vielleicht komme ich aus purer Neugier ab und zu zurück. Irgendwann gehst du auf der Straße an einem Fremden im Umhang vorbei. Hast du da gerade ein Blinzeln gesehen? Halte nicht an. Lächle nur in dich hinein und betrachte es als meine Art, dir Hallo zu sagen.

VON EINEM ZAUBERER ZUM ANDEREN.

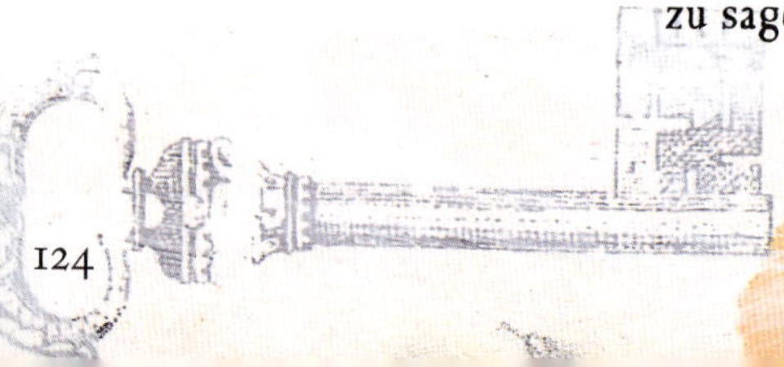

SCHABLONEN
für die Bastelanleitungen

Kopiere diese Schablonen oder zeichne sie ab.

Alchimistische Symbole zum Verzieren des Mantels (Seite 17). Vielleicht möchtest du sie vergrößern?

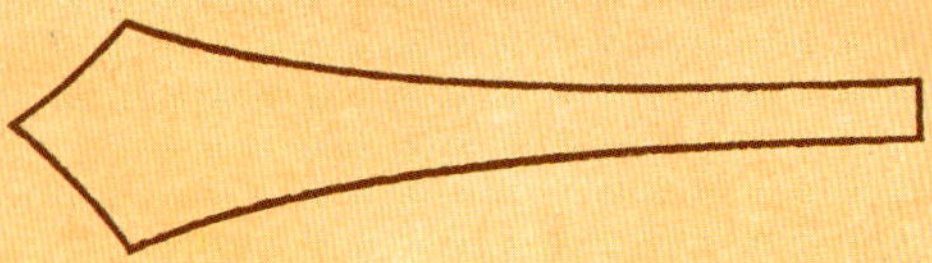

Verwende diese Schablonen für die Kristallkugel auf Seite 53.

Moscheeschablone für den fliegenden Teppich auf Seite 46

Vergrößere die Vorlage um ungefähr 500 %

Vergrößere die Maske und den Schnabel für die Horneulenmaske auf Seite 102.

Dekoriere deinen Teppich mit diesen Herrschaftszeichen.

Vergrößere diese Vorlage für die magische Schlange auf Seite 119 um 200 %.

Vergrössere dieses Muster um 200% für die Pappscheibe auf Seite 118.

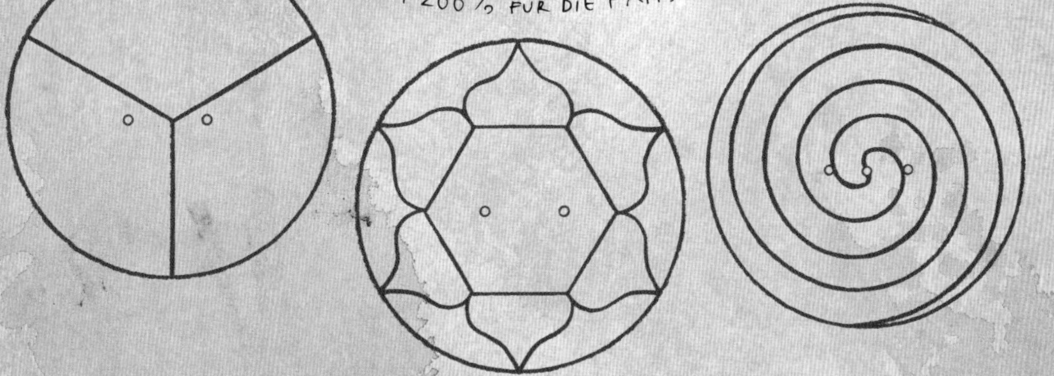

Kopiere diese Sternbilder für den Sternbilder-Projektor auf Seite 94.

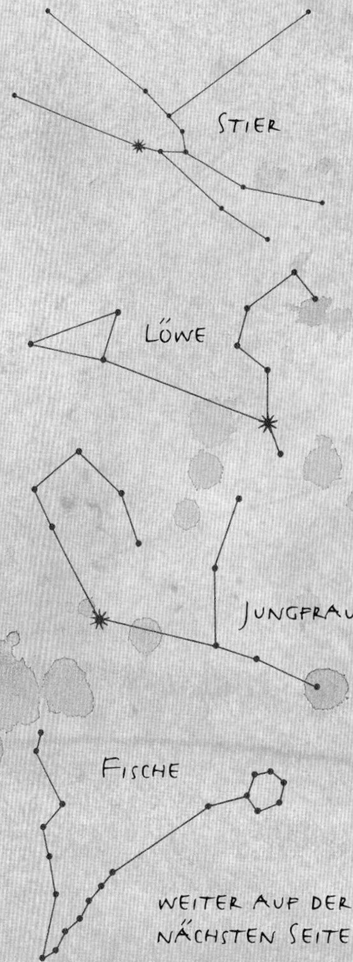

Vergrössere die Deckel- und Seitenverzierungen für deine Drachenbox auf Seite 112.

weiter auf der nächsten Seite

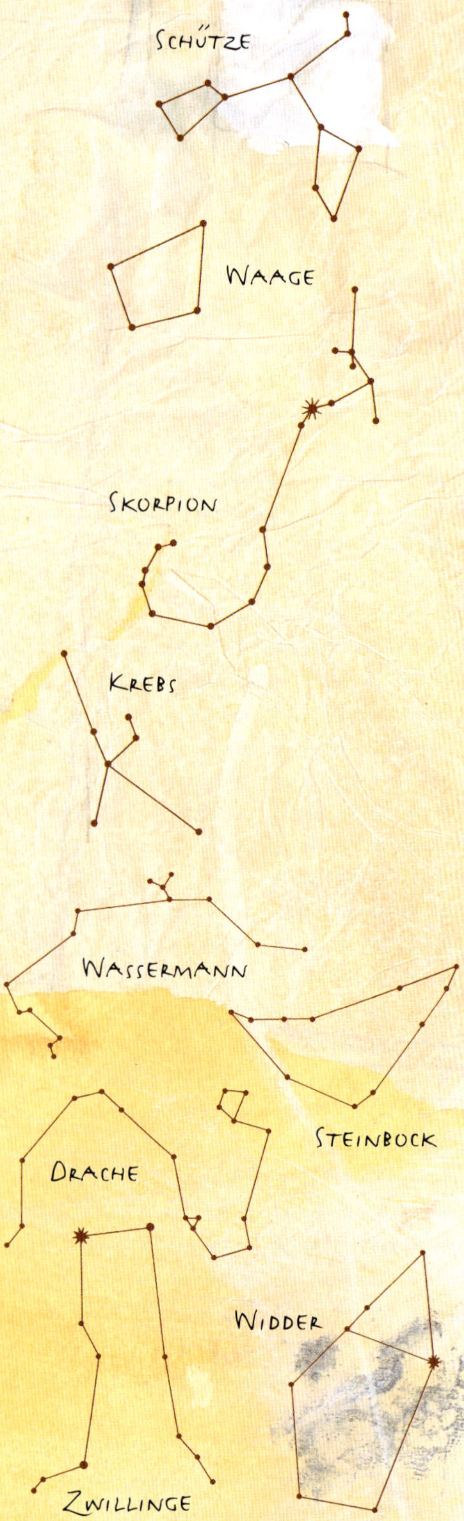
SCHÜTZE
WAAGE
SKORPION
KREBS
WASSERMANN
STEINBOCK
DRACHE
WIDDER
ZWILLINGE

REGISTER